教师学习新视界丛书　　丛书主编　林正

品德发展与道德教育

主编　蒋一之

ZHEJIANG UNIVERSITY PRESS
浙江大学出版社

内容提要

本书是一部从品德心理的角度来介绍和论述道德教育的教材。全书共分五章,先从整体论述了品德心理发展与道德教育的关系,接着又按照品德心理构成,逐一阐释了道德认知、道德情感和道德行为的发展特征和培养方法。最后针对不良品行的种种表现分析了其成因及矫正方法。

图书在版编目 (CIP) 数据

品德发展与道德教育 / 蒋一之主编. —杭州:
浙江大学出版社,2013.7(2016.5 重印)
ISBN 978-7-308-11826-2

Ⅰ.①品… Ⅱ.①蒋… Ⅲ.①德育—中国
Ⅳ.①G41

中国版本图书馆 CIP 数据核字(2013)第 161157 号

品德发展与道德教育

蒋一之　主编

责任编辑	徐素君	
封面设计	黄晓意	
出版发行	浙江大学出版社	
	(杭州市天目山路 148 号　邮政编码 310007)	
	(网址:http://www.zjupress.com)	
排　　版	杭州中大图文设计有限公司	
印　　刷	浙江省良渚印刷厂	
开　　本	710mm×1000mm　1/16	
印　　张	9.25	
字　　数	175 千	
版印次	2013 年 7 月第 1 版　2016 年 5 月第 4 次印刷	
书　　号	ISBN 978-7-308-11826-2	
定　　价	20.00 元	

目　录

第一章　品德发展与道德教育的关系

【学习目标】

1. 掌握品德心理结构与品德发展的整体性涵义。

2. 了解影响品德发展的各种因素，能够结合具体案例进行分析。

3. 能够正确看待学校道德教育在个体品德发展中的作用，树立恰当的德育观。

品德，即个体道德品质，是指一个人在依据一定的社会道德准则和规范言行时所表现出来的一些经常的、稳定的特征和倾向。在汉语中品德与"德性"是同义词，属于个体的素质，是个性的一部分。在心理学视野内，"品德是一种个体心理特性……也可看成是一种交往经验结构"①，因此研究品德时大都指品德心理结构。

第一节　品德的心理结构

案例 1-1

女儿捡起地上的薯片说外公，你吃掉吧②

女儿 6 岁时的一个双休日，她在家边看电视，边吃薯片。因为看得太入神了，把薯片撒在了地上。她捡起地上的薯片，想都没想就递给外公："外公，你吃掉吧。"女儿的举动让我大吃一惊。我立即问她："薯片掉地上了，怎么能给外公吃呢？"女儿回答干脆："地刚拖过，很干净的。""那你为什么不自己吃？"我很生气，声音也提高了八度。见我这么大声，女儿委屈地哭了起来："是外公说的，小孩子抵抗力差，掉地上的东西不能吃。"……我告诉女儿，如果你认为掉在地上的薯片还是

---

① 王健敏. 道德学习论. 杭州：浙江教育出版社，2002：7.

② 摘自 http://blog.sina.com.cn/s/blog_49b31782010004ea.html，2006-7-4.

干净的，可以自己吃。如果认为掉在地上的薯片已经不干净了，又怎么能让外公外婆吃呢？我给她讲"尊老"的道理，但她振振有词地反驳我："你们也应该爱幼的！"

尊老爱幼是我们中华民族的传统美德，6岁的小女孩把掉在地上的薯片捡起来让外公吃不仅谈不上尊老，而且有悖于"已所不欲，勿施于人"的道德金律。可是，小女孩对此却不自知，以致于受到母亲的责问而"委屈"地哭、"振振有词"地反驳。这说明她做出这种不符合道德规则的行为是与她不正确的道德认识、不恰当的道德情感联系在一起的。反映了小女孩品德心理的各个要素都还处于较低的发展水平。

一、品德心理结构的基本要素

品德的心理结构是各种品德心理成分按一定的联系和关系组成的结构。[①]

品德心理结构的基本要素即组成品德心理结构的成分，简称品德要素。西方先人在对道德的理解中涉及了今天所称的品德诸要素，我国先人的大量论著中也包含着丰富的有关品德要素的理解和阐释。如孔子说"仁者不忧"[②]"君子欲讷于言而敏于行"[③]；王安石说"仁，吾所未有也，吾能知其为仁也"[④]；张载说"志久则气久、德性久"[⑤]，分别论及了道德情感、道德行为、道德认识和道德意志。我国品德心理研究肯定了品德包含不同的构成成分，但在具体成分及其数量上形成了不同的看法：二要素说、三要素说、四要素说、五要素说和六要素说等等。

视窗 1-1

几 种 品 德 要 素 说

二要素说认为品德由道德认识与道德意向组成，也有人认为由道德需要与道德能力组成。三要素说认为任何一种道德品质都包括道德认识、道德情感和道德行为方式三种基本成分。四要素说认为品德的基本心理结构应包括道德认识、道德情感、道德意志和道德行为。五要素说是在四要素的基础上增加了道德信念要素，并强调其在个体

---

① 林崇德，杨治良，黄希庭.心理学大词典.上海：上海教育出版社，2003：900.
② 孔子.论语·子罕。
③ 孔子.论语·里仁。
④ 王安石.仁智。
⑤ 张载.正蒙·至当篇。

品德心理结构中的核心地位。六要素说则是在四要素的基础上增加了道德动机和道德评价两个要素,强调道德评价在品德形成过程中的作用。

资料来源:摘编自周莹莹.品德心理结构研究进展的剖析及展望.社会心理科学,2006,(1):53.

各种品德要素说中,以三要素说与四要素说最为人们所普遍接受。而三要素与四要素的比较中,又以知、情、行三要素被认为是品德心理结构最基本的成分。1989年出版的《心理学大词典》将品德的基本心理结构划分为道德认识、道德情感和道德行为三种成分,并对三者分别进行了定义:道德认识是指对道德规范、行为准则及其社会意义的认识,它涉及道德概念及道德观的形成、道德信念的产生和道德评价及道德判断能力的发展。道德情感是伴随道德认识出现的一种内心体验,它表明个体对客观事物的态度倾向。道德认识与道德情感相结合,构成道德动机,成为推动个体产生道德行为的内部动力。道德行为是在一定的道德情境下,个体受道德意识支配产生的各种行为方式与习惯。道德行为是实现道德动机的手段,也是一个人德性的体现。[1] 国外学者也基本持相同见解,如美国心理学家柯廷斯(William M. Kurtines)认为:"考察品德研究,通常都是将它分为道德观念、道德情感和道德行为。"[2]

但也有的学者提出三个要素的具体成分应该是道德认识、道德情感和道德意志,而不是道德行为。理由在于品德是一种心理,而任何心理都由知、情、意三者构成,道德行为属于行为范畴,与这三者根本不同,在心理层面与行为有关的应该是"道德行为之筹划"或"道德行为之心理",这正是"道德意志"。[3] 这一观点不无道理,心理结构知、情、意三分的源头可以追溯至柏拉图关于人的灵魂由知、情、意三个部分组成的观点。有时,人们把"意志"过程分为"意志"和"行为"两种成分,品德心理结构就应该是包括知、情、意、行四种要素。但是,鉴于意志问题通常可以还原为情感和行动问题,因此,根据简约原则和实际运用的需要,可以将品德的基本要素确定为道德认识、道德情感和道德行为,简称知、情、行。

作为最基本的构成成分,知、情、行三要素在品德心理结构中缺一不可,任何一个要素的缺失或欠缺都会导致个体德性上的不足。一般来说,缺乏正确的道德认识就难以产生相应的道德情感,道德行为也不会随之出现;缺乏道德情

①　朱智贤.心理学大词典.北京:北京师范大学出版社,1989:472.

②　Kurtines,W.J. & Gewirtz,J.L.. *Morality, Moral Behavior, and Moral Development*. New York A Wiley-Interscience Publication,198:424.

③　王海明.新伦理学.北京:商务印书馆,2001:618.

感,道德认识和道德行为都不会持久而稳定;只有道德认识和情感而没有行动不过是"言语上的巨人,行动上的矮子";而缺乏道德认识和情感的行动那怕产生了些许有益的结果,也称不上是真正道德的行为。案例1-1中的小女孩因为缺乏尊老的观念,对爱幼也没有正确的认识,所以做出了很不应该的行为,也正因为她在道德认识上的偏颇,使得她的情感反应完全出乎母亲的预料:非但不以自己的错误为羞耻,反而委屈地大哭起来。她的道德情感、道德行为同时缺位。而这些情感反应和行为表现反过来也暴露出她在道德认识上的不足。

二、品德心理结构的动态功能系统

面临道德情境时,品德心理结构的各个要素是如何相互联系,发生作用,对外作出反应的呢? 我国研究者从唯物辩证法和现代系统论出发,认为品德心理结构是一个完整的功能系统,在面对各种情境时,品德心理结构的各种要素会依赖一个整合的社会动力系统发挥各自不同的功能。章志光教授的功能结构理论、林崇德教授的系统结构理论、班华教授的三维结构说等从不同角度对品德心理结构进行动态的功能系统分析,虽然见解有所不同,但都强调了品德心理活动的整体性与复杂性。下面以功能结构理论为例予以说明。

章志光教授认为[①],个体的品德心理结构主要由生成结构(generating structure)、执行结构(performing structure)、定型结构(stereotyped structure)三种维度组成,它们在品德心理的发展过程中各自发挥不同的作用。"生成结构"是指个体从非道德状态发展到开始出现道德行为或初步形成道德性时的一种心理结构,是个体品德心理发生的初始结构。"执行结构"是个体在生成结构的基础上发展起来的一系列复杂的心理过程和结构,包括有意识地感知道德情境、经历道德决策的内部冲突、进行主动的道德定向、考虑决策和调查行为等过程。"定型结构"指个体具有的品德心理结构。道德行为可能是情境性的,也可能是倾向性的。前者更多受外部特殊情境及内部不稳定因素驱使而发生,因而不经常,不一致;后者则不同,它是内部由于先期影响而形成的某种比较稳定的心理结构,即定型结构的表现,所以带有恒常性。"定型结构"是在"执行结构"基础上形成的,具有高激活性、阶段简缩性和具有自动化功能的结构。三种结构密切联系、相互渗透,如果前一种结构发展顺利,就能为下一结构的形成和发展奠定良好的基础。它们是品德形成过程中相继出现的不同形式,但又彼此包括,相互渗透为一体,是作为个体内部动力系统而存在的,并与个体外部的环境发生作用。例如,在"执行结构"中,有一个"道德认识—感情系统区"(sphere of

---

① 章志光.试论品德的心理结构.北京师范大学学报,1990(1):7—17.

moral cognitive-affective system），它不仅是道德知识的"信息库"，而且是对当前道德情境进行区分与筛选的过滤器，是判断事件的性质、确定个人责任与态度及行为方向的"定向器"，也是克服利己性需要的动机干扰、抉择行为方式并进行制动的"调节器"。这是一个与其他心理活动（如思维、意志等）纠葛在一起，共同参与道德执行过程而有决定意义的意识系统或道德动机系统，也是个人在道德上表现出高度自觉性与自律性的关键机制。人在遇到道德情境时，从接受信息到产生道德行为要经历一个连续而有阶段的心理过程，包括对情境的知觉—移情—道德判断—责任意识和明确态度（其中经常出现动机冲突、代价报偿的权衡）—行为方式的抉择—意动几个阶段。每一个阶段都存在是与否两种可能，而只有得出肯定的答案时才会转入下一阶段，否则过程将中断。道德行为的是否发生及其有效性不仅依赖于这个过程本身的顺利进行，而且取决于参与这一过程的"道德认知—感情系统区"的质量与功能水平。最后，还有一个反馈过程。在反馈的作用下"道德认知—感情系统区"的内容和形式得到巩固、扩展或改变。其模式如图 1-1 所示。

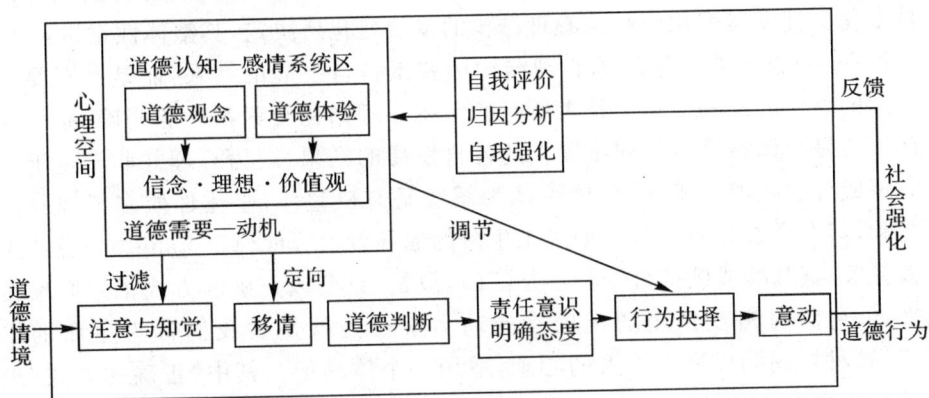

图 1-1

三、品德心理结构与品德发展的整体性

（一）品德心理结构的整体性

品德是一个完整的整体，在这一整体中，品德心理结构各要素相互联系，相互依存，构成品德心理活动的整体性。其特征表现为：

第一，品德心理结构由几个方面的要素以特定方式构成，目前，知、情、行三要素被认为是最基本的构成成分，它们缺一不可，但也许还存在着研究者尚未揭示的其他成分和要素；第二，诸要素的比例是大致平衡和比较恰当的；第三，诸要素相互渗透、相互交融、相互结合，表面上独立的要素，如道德情感，或道德认知等要素,实质上渗透着、融合着其他所有要素。没有任何一个要素可以离开其他要素而独立存在和发展,例如,缺乏理性的道德认识的参与或渗透,道德情感是非理性的、甚至反理性的;缺乏道德认识与情感的道德行为是盲目的;第四,诸要素以某种整合的动力系统发生作用,对外部情境作出反应,而这种整合的动力系统的工作机制目前尚未完全明晰。

总之,品德心理结构中诸要素的划分和动态功能系统的区分都是研究者为探究品德这一复杂的个体心理而作的人为设定,人们也可以从需要、动机、能力、性格等个性心理角度进行研究,但是人类心理从本质上讲是一个不可分割的整体,不存在任何一种独立的心理成分。所有品德要素,包括道德认识、道德情感、道德行为以及其他研究者还没有认识到的或还没有给予其确切名称的道德要素事实上是浑然一体的,相互之间本来就根本没有任何区别、隔阂和界限,而是相互交融、渗透在一起,同时以整体结构状态发挥其综合功能。

(二)品德发展的整体性

品德发展,是指个体从出生到死亡的过程中在品德方面的进步性变化和持续性变化。其发展变化由品德心理结构的发展变化所决定,其整体性意指:

第一,品德发展不是品德心理结构诸要素各自发展的结果,而是所有要素的共同的整体的发展。不论是否所有的品德心理结构要素都能够明确,品德发展都不会是个体在这些不同维度上的各自发展的结果,因为心理并非产生于各种心理成分的叠加。相反,整体论认为系统是有机整体,整体性质多于部分性质之和,甚至会有新质出现。如人工生命的倡导者兰顿(C.G. Langton)说:"无论核苷酸、氨基酸或碳链分子都不是活的,但是,只要以正确的方式把它们聚集起来,由它们的相互作用涌现出来的动力学行为就是被我们称为生命的东西。"[1]这种描述同样适用于人的心理,适用于个体品德。其中"正确的方式"包含了对品德心理成分的不同的组织,包含着品德心理作为一个整体的结构与活动。品德心理结构性的整体性决定了个体的品德发展应该是包含了所有业已揭示的要素维度和尚未揭示的要素维度在内的整体发展,包含着所有要素之间的相互关系,以及由品德心理结构所决定的功能的发展。

第二,品德发展不是品德心理结构诸要素各自发展的结果,但是可以从品德心理结构的某一要素开始。由于每个要素都天然地包含着其他要素,在品德培养的过程中,从某一要素入手并不意味着放弃整体发展,而是以恰当的切入口带动整体的发展。此时,要特别注意避免只着其一,不见其余的做法。如只重视道德认识的培养与发展,忽略情感和行为,将只会导致个体认识上的进步,

---

① 许国志.系统科学与系统工程研究.上海:上海科技教育出版社,2000:175.

而不是品德上的整体进步,相反却有可能导致由于各要素发展不平衡而出现品德畸形。

案例 1-1 续①

　　一直以来,女儿的生活都由外公外婆照顾,我只管她的学习,但这件事让我开始反思自己的教育观念和教育方法。我想,一个没有健全人格和品德的孩子,即使拥有再多的智慧、学识、技能,又有什么用呢?家庭教育怎么能忽略教孩子如何做人呀。

　　从此以后,每次吃水果,我总是先递给她的外公外婆。每次我和她爸爸给父母买了什么东西,总是叫女儿拿过去。有时候还故意考验她,和女儿一起吃她喜欢的东西时,故意吃得很慢。刚开始时,女儿吃完自己的,就盯着我的,指望我能再分一点给她。母爱的本能每次都驱使我想把好吃的留给女儿,但理智阻止了我。开始时,女儿觉得非常委屈,甚至说:"妈妈不喜欢我。"通过这样的训练,我想让她明白,家庭中每个成员都是平等的,不能因为年纪小就享受特殊的待遇。

　　渐渐地,这些努力有了效果。女儿即使是吃最喜欢的巧克力,也不忘记和大家一起分享。她还在一次作文中写了《我的外公》:"外公非常关心我。记得有一次,我上学忘了带水瓶。正当我口渴得不得了的时候,外公拿着水瓶出现在我们教室门口。原来,外公发现我忘带水瓶后,就冒着大太阳,给我送来了。这件事让我好感动。谢谢您!亲爱的外公!"虽然文笔稚嫩,但对外公的感激之情跃然纸上。

　　前段时间,我的母亲不小心摔了一跤,摔伤了脚,走路一瘸一拐的,膝盖不能弯曲。晚上,我正准备给母亲洗脚,没想到女儿抢着说:"妈妈,让我来吧!"只见她帮母亲卷起裤脚,脱去袜子,将脚轻轻地放在洗脚盆中,还关切地问:

　　"外婆,水够不够热?"这时,我看见母亲的眼眶湿润了。当时我们以为女儿只是心血来潮,没想到她一直坚持了下来。母亲几次想拒绝,但都被我阻止了。我和母亲感动的同时,更多的是感到欣慰。

　　在案例 1-1 中,母亲反思了自己对女儿教育上的偏失,认识到女儿在品德发展上的缺失,但是对于女儿错误的"尊老爱幼"观,却并没有从讲道理、以求提高女儿的道德认识入手,而是针对儿童爱模仿、易受环境影响的特点,用榜样示范的方法引导女儿,训练女儿的行为,培养她推己及人的感情,取得了很好的效

---

① http://blog.sina.com.cn/s/blog_49b31782010004ea.html,2006-7-4.

果。这一次教育上的成功,正是因为母亲的做法契合了儿童品德发展整体性的特点,选择了最适当的品德要素入手,带动了品德的整体发展。

第三,品德发展是所有品德心理活动整体发展的结果。近年来,研究者发现,个体品德心理活动不仅涉及有意识的道德心理过程,还涉及无意识的道德心理过程,而且要离析这两者十分困难,这也证明了品德心理活动的整体性。例如,在道德判断的形成原因上,以科尔伯格(Lawrence Kohlberg)为代表的研究者主张是有意识的推理导致道德判断,以海德特(Haidt)为代表的研究者则主张直觉才是形成道德判断的主要原因。与海德特的研究相似,格林(Joshua D. Greene)等人认为推理和情感都对道德判断的产生起重要作用;库什曼(Fiery Cushman)等人则提出直觉与有意识的推理相互作用的观点。[1] 豪泽(Marc Hauser)反对格林和海德特将推理置于第二位的观点,也不认为情感反应是产生道德判断的首要手段。他的观点是人类拥有先天的、内在的道德判断能力——"道德语法"。[2] 它能够提供适用于所有道德体系的那些核心道德原则的信息,这些信息使儿童能够利用环境中的线索提取并内化文化中的特定道德规则,不论他们生于何种文化。这种先天的道德才能与语言才能一样,发生作用时是无意识的、迅速的和自动的:活动个体面临道德事件时首先进行迅速而无意识的分析,这是一个复杂的认知过程,必须考虑到许多因素,在某种重要的意义上,这是一个推理过程,虽然没有被意识到。这种分析接着被用来作出判断。情感只是在这一判断已经发生之后才被触发,有意识的推理也可能在直觉判断之后发生。如图 1-2 所示。[3]

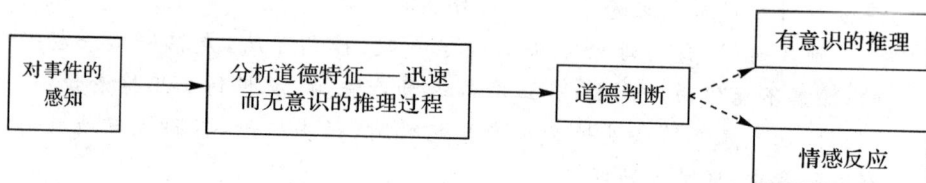

对事件的感知 → 分析道德特征——迅速而无意识的推理过程 → 道德判断 ⇢ 有意识的推理 / 情感反应

图 1-2　豪泽的道德判断模式

---

[1]　Cushman,F.,Young,L.,& Hauser,M.. The Role of Conscious Reasoning and Intuition in Moral Judgment. *Psychological Science*,2006:17(2):1082—1089.

[2]　Hauser,M.. Moral Minds: How Nature Designed Our Universal Sense of Right and Wrong. New York:Harper Collins,2006.

[3]　参见 Nado,J.,Kelly,D.,& Stich,S.. Moral Judgment. To appear in Routledge Companion to the Philosophy of Psychology, ed. by John Symons & Paco Calvo. (2006) http://www.rci.rutgers.edu/~stich/Publications/Papers/Moral%20Judgment%20~%20FINAL%20DRAFT%20~%20web.pdf.10—11.2007-2-14.

这些观点看似各执一词,实际上正是人类道德心理活动不同侧面的反映。一个道德判断的产生是不同心理要素以尚未为人所知的关系或机制共同活动的结果。个体的品德发展,既可以说是个体在各个要素维度上的整体发展,也可以说是包含了个体在道德意识与道德无意识两个层面的整体发展。特别是道德无意识(心理)的发展,过去很少受到重视,现代研究却不断证明无意识心理对意识活动的重要价值,因此承认个体的品德发展包含道德无意识(心理)的发展并探究其发展特点,对于真正认识和促进个体的品德发展将有重要意义。

第二节 品德发展的影响因素

"你能告诉我吗? 苏格拉底,美德是不是这样一件东西——它可以被教? 它可以通过实践获得? 或者说,它既不来自于教,也不来自于实践,而是天生的,或者是通过其他途径获得的?"这是 2000 多年前,年轻人曼诺(Meno)向苏格拉底(Socrates)提出的关于美德来源的著名的千古之问。从中可见,教育、个体实践经验与遗传早就被作为影响个体品德发展的因素而受到关注。在今天,各种道德发展理论仍都以对品德发展影响因素的理解为基础。如弗洛伊德(Sigmund Freud)把品德发展视为受儿童心理性欲控制的过程,认知学派把品德发展视为智慧成熟导致的结果,行为主义把品德发展视为环境刺激、强化和示范作用下特定行为习惯的形成,涂尔干(Émile Durkheim)则把品德发展视为纪律教育下个体自主性的获得,等等。它们分别涉及影响个体品德发展的本能、环境、教育等因素。若以发展个体为坐标,这些影响因素可以分为个体内部的和外部的两类。

一、内部因素:遗传素质和成熟

(一)品德发展受遗传素质的影响

首先,遗传素质中的生理素质提供品德发展的物质条件。

遗传素质在传统的意义上,往往指通过某种遗传物质所传递的父母和种系发展过程中所形成的一些解剖生理特征,如机体的构造、形态、感官和神经系统等方面的特征。它们构成个体品德发展的基础。这是非常显然易见的事实,因为缺乏健全的生理遗传素质,个体的品德发展就无从谈起。其中,又以人脑的健全最为重要。

人类是物种进化的结果,脑子在人类演化历程中经过了一个由小到大的过程。生物考古学家理查德·利基(Richard Leakey)认为脑子的扩大是人属出现的信号。距今约 500 万~250 万年是人类的"史前时代"。在距今 300 万~200

万年,突然发展出脑子明显较大的一个物种,即所谓的"能人"和"直立人"人种。从 300 万年前到 200 万年前"直立人"的脑量从 300~600 毫升增加到 500~900 毫升,到 100 万年前又增加到 600~1000 毫升,相当于现在人类脑子平均体积的一半到四分之三。250 万年到现在,是现代人的起源阶段,"是像我们这样的人的进化,具有语言、意识、艺术想象力和自然界其他地方没有见过的技术革新。"①这就是说,经过长期演化,像我们这样的人产生时已具备现代人的脑容量及语言、意识等能力,这就为人类各种心理活动的产生和发展提供了智能上的保障。而脑子的成熟,也为道德意识活动提供了神经生理基础。根据当代神经科学研究,人类脑子中有 8 个区域参与道德意识活动:①额内侧回区,②后扣带、楔前叶、后压部皮层,③颞上沟、下顶叶,④眶额/前额腹内侧皮质,⑤颞叶,⑥杏仁核,⑦背外侧前额叶皮层,⑧顶叶。如图 1-3 所示。②

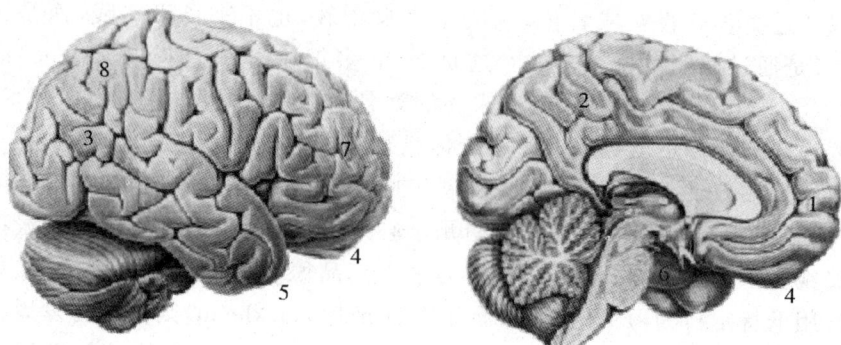

图 1-3

视窗 1-2

盖奇事件

1848 年 9 月 13 日,铁路建筑工程队领班盖奇(Phineas Gage,1823—1860)在用一根铁撬把甘油炸药填塞到孔中的时候,一颗火星意外地点燃了炸药。炸药将他手中的铁撬从他的左颧骨下方穿入头部,然后从头顶飞出,落在身后 20 几米远的地方。幸运的是,尽管颅骨的左前部几乎完全被损毁了,盖奇却存活了下来,并继续工作生活

---

① 理查德·利基. 人类的起源. 吴汝康,吴新智,林圣龙. 上海:上海科学技术出版社,1995:5.
② Greene, J. & Haidt, J.. How (and where) does moral judgment work? *Trends in Cognitive Sciences*,2002,6 (12):517—523.

了 13 年,成为世界上最著名的脑损伤患者之一。只是在经历了脑损伤以后,盖奇的脾气、秉性、为人处事的风格等等发生了巨大的转变,与从前判若两人。他从非常有能力、有效率、思维机敏、灵活、对人和气、彬彬有礼变得粗俗无礼,对事情缺乏耐心,既顽固、任性,又反复无常、优柔寡断,无法胜任从前的社会与职业角色。这一事件引起人们对于颅脑外伤后人格改变现象的注意。西方学者注意到眶额皮质(orbitofrontal cortex,OFC)与人格的关系,后来又确定前额皮质(prefrontal cortex,PFC)影响到行为的选择。特别是前额皮质如果在生命早期(16 个月之前)受到损伤,个体成年后的社会行为和道德行为都会受损,即他们不能很好地习得复杂的社会习俗和道德规则,尽管他们有正常的基本的认知能力。

　　资料来源:摘自蒋一之.道德原型与道德教育.杭州:浙江大学出版社,2008:95—96.

其次,遗传素质中的心理素质包含品德发展的"准备"。

不论中外,都自古就有性善论、良心说、道德情感直觉论等,将人的部分德性(或善端)视为与生俱来的禀赋。如"天赋说"把品德看作是人与生俱来的一种本性,认为品德起源于人性本身。孟子的"四心说"是揭示人天生具有善端的典范。他认为"恻隐之心"、"羞恶之心"、"辞让之心"、"是非之心"之于人犹如四体,是天生的:"仁义礼智,非由外铄我也,我固有之也,弗思耳矣。"[1]因为人们"见孺子将入于井,皆有怵惕恻隐之心"。西方也有许多天赋论者,如卢梭(Jean-Jacques Rousseau)认为:"在我们的灵魂深处生来就有一种正义和道德的原则;尽管我们有自己的准则,但我们在判断我们和他人的行为是好或是坏的时候,都要以这个原则为依据,所以我把这个原则称为良心。"[2]

达尔文(Charles Robert Darwin)立足于自然主义的进化理论,指出人类道德的根源在于社会性本能。他生动地描述了动物的合群、互助、恩爱、同情、忠诚、服从等道德现象,指出动物道德的内在动力在于它们有各种社会性本能,如合群和互助的内在动力是一种乐群之感的社会性本能。他认为人类肯定由一种稍低一级的物种进化而来,人与其他非人类的社会性动物一样拥有社会性本能,而且是相同的本能,只是程度上有所不同而已。他说"不论任何动物,只要在天赋上有一些显著的社会性本能,包括亲慈子爱的感情在内,而同时,又只要一些理智的能力有了足够的发展,或接近于足够的发展,就不可避免地会取得

---

① 孟子·告子上。
② 周辅成.西方伦理学名著选辑(下卷).北京:商务印书馆,1996:140.

一种道德感,也就是良心,人就是这样。"[①]当代生物社会学和进化伦理学继承达尔文的观点,同样认为人类的道德意识来自动物的社会性本能,并以对动物道德的研究成果作为依据。

　　视窗 1-3

黑猩猩的道德感

　　动物行为学家瓦尔(Frans de Waal)提出人类道德的基础及公正感并不像有些生物学家所说的那样为人类所专有。相反,它起源于哺乳动物,特别是灵长类动物的社会行为。灵长类的认知能力和互惠公正感是人类道德的基础。他研究发现,恒河猴和短尾猴能分享食物、相互喂食。有些黑猩猩很自私,拒绝与他人分享食物,甚至是自己的子女。同伴对他的反应相当公正,也拒绝与他分享。几乎所有的猿都有移情能力,因为它们都表现出自我意识。黑猩猩能够移情的一个标志是会用拥抱来安慰同伴。除了拥抱之外,黑猩猩还是热情的亲吻者。在一次争斗之后,为了保护经过调解取得的重要关系,那些争斗者就很可能会亲吻。黑猩猩还能执行人定规则。在荷兰的阿纳姆动物园,瓦尔观察到两只少年黑猩猩因为破坏规则而受到严厉的教训。人定规则是只有全部黑猩猩都回笼后才会提供晚饭。这两只少年黑猩猩在外超过了两个小时,完全无视于它们那些饥饿的同伴。以致于管理者只好把这两只黑猩猩与整群黑猩猩分开一个夜晚。但其他黑猩猩只是延迟了对它们的报复。当所有的黑猩猩在第二天早上被放出笼外时,这两个倒霉的迟到者遭到了攻击和殴打。

　　资料来源:Tabitha, M. P., Brown, K. S.. The evolution of morality. Bioscience,1996,46(6):395—396

　　从社会性动物具有社会性本能中推论人类道德起源于动物的社会性本能也许是武断的,但人类本身是自然界长期演化的结果,由人类祖先与这些灵长类动物祖先具有近缘性,推断人类祖先还是类人猿时已具有了一定的公正和规则意识应该是合理的。这种意识对于后世子代来说就是内在本能了。可以设想,在人类社会形成之前,生命在自然选择的作用下,与周围环境变化密切相关,各种遗传特征在漫长的演进中逐渐发展起来。在生存竞争中,人类始祖发现公正、合作、互助等规则更有利于群体生存,从而也更能保障该群体中的个体

---

　　① 达尔文.人类的由来.潘光旦,胡寿文.北京:商务印书馆,1983:149.

的生存。长此以往,遵守这些规则成了一种社会性本能,道德意识萌芽。当这种意识在长期的活动中已固定为下意识的反应而无需刻意的努力时,它便以本能的形式表现出来。我国学者由此提出社会性可以遗传、品德生成具有遗传的心理基础。① 这意味着品德发展可以从遗传素质中找到根源。而当代生物社会学、进化心理学、进化伦理学等领域的研究都证实个体先天具有道德上的行为倾向性,如哲学家们早已揭示的同情心,它们是道德发展的起点。可以说,正是人类能够将在社会性或道德生活方面的一些倾向性(或本能)通过遗传的方式传递给下一代,才使下一代个体具有了品德发展的可能性。个体在从亲代那里获得的心理遗传素质中天然地包含着品德发展的"准备"。

(二)品德发展受成熟的影响

不论是生物遗传素质还是心理遗传素质,都借助生物遗传的方式赋予个体。作为发展的准备,它们要发挥作用都必须以生物体的生长、发育和成熟为基础。换言之,个体的生理成熟程度制约着个体道德发展过程和发展阶段的特点。年龄特征和发展阶段是一些道德发展理论揭示的道德发展的重点,其中最典型的如道德认知发展理论。皮亚杰(Jean Piaget)认为道德发展的发展与认知的发展相平行,对应于认知发展的感知运动、前运算、具体运算等阶段,道德发展经历前道德阶段(0—3)、他律阶段(3—7 岁)和自律阶段(7—12 岁)。或者更具体的可分为自我中心阶段(2—5 岁)、权威阶段(6—7 岁、8 岁)、可逆性阶段(8—10 岁)、公正阶段(10—12 岁)。科尔伯格则提出道德判断能力的发展要经历三个水平六个阶段:前习俗水平(包括服从与惩罚的道德定向阶段、朴素的快乐主义和工具的道德定向阶段)、习俗水平(包括好孩子的道德定向阶段、尊重权威与维持社会秩序的道德阶段)、后习俗水平(包括民主地承认法律的道德定向阶段、个体内在良心的道德阶段)。虽然个体在道德判断发展上所能达到的水平和阶段有可能反复,但在儿童期与青年初期,总的趋势是随着年龄的增长向更高的阶段发展,即受成熟的影响。海德特在对道德情感直觉的研究中发现了同样的事实。他写道:"五个道德模块中的每一个都在发展的不同时点成熟——例如,2岁的儿童对他人和动物的痛苦特别敏感,4 岁左右儿童开始关心资源分配中的公平与平等,7 岁左右才能充分理解纯净与腐化。与发展的其他许多方面(语言、性欲、幽默感……)一样,儿童将在特定的时点显示他们的能力、表现出他们关心什么,不过这些新能力的展示受周围环境文化的引导、约束和增强。"② 可见,成熟是遗传素质发挥现实影响的条件,是推动个体道德发展的内部力量。

---

① 左其沛.品德心理的发生发展与成长期的德育.教育研究,1990(7):28—36.

② Haidt, J. & Björklund, F.. Social intuitionists answer six questions about moral psychology. 2005:24—25.

二、外部因素：环境

案例 1-2

令人纠结的 50 元[①]

澄澄，初一学生，在新华书店捡到 50 元钱，交给了书店柜台。回家向父母告知此事，父母表扬了她。父亲还奖励了她 10 元钱。不过，女儿一转身，父亲就跟母亲说："我们这女儿真笨，怎么一点也不像我的。"澄澄到了奶奶家，又向奶奶说起此事，奶奶骂她："你这个笨蛋，50元钱可以用来干很多事了，你交给柜台，你一走开，柜台里的人肯定把钱分掉买东西吃了。"女孩子有点茫然。不久，班里一同学捡到一台诺基亚新手机，没有上交而是留下来自己用了。澄澄见了，想起那交出去的 50 元钱，有点后悔。

对待捡到的 50 元钱，澄澄的态度从一开始毫不犹豫地上交书店柜台到听了奶奶的话后有点茫然，再到后来看到同学留下捡来的手机自用时的后悔，反映了她在认识和情感上的变化。拾金不昧是传统美德，相信在澄澄的成长过程中，她肯定受过这种美德的正面教育，树立了相应的道德观，才能在捡到钱时没有犹豫地交给了书店柜台。可她后来有点茫然，直至有点后悔，说明这种道德观并没有真正成为她自身理性认可并坚持的道德品质的一部分。是什么影响了她呢？这里面有一些很有意思的因素。首先是父母的态度，尤其是父亲的反应。澄澄的父母显然懂得是非，也懂得教育孩子宜正面为主，所以表扬了女儿，当父亲的还给了奖励，尽管其本身并不认同女儿的行为，认为女儿笨得不像自己。可见父亲有良好的道德意识和教育意识，但在实际生活中并不一定会作出相应的道德行为。这种言行上的相悖在本案例中未显示出对女儿的影响，但在现实生活的点点滴滴中难保不会对女儿有所影响。而父亲为什么会言行相悖？这涉及个体品德形成的更多的影响因素。也许是社会生活教会了他，也许他受到自己家长的影响，如澄澄的奶奶。奶奶的态度代表了社会上相当一部分人的想法。奶奶认为孙女笨是因为她相信柜台里的人不会将钱交公，而是会私分了事。这种认识也许是她多年的社会经验所得，也正反映了社会对个体的影响，而奶奶显然没有什么教育意识，所以她对孙女拾金不昧的反应是纯自然的，毫不修饰的。最后是澄澄同学的行为进一步加重了奶奶的话对澄澄造成的道德

---

① 根据作者生活中遇到的真人真事记录而成。

意识上的动摇。可见,澄澄拾金不昧的道德实践活动受到了来自父母、奶奶和同伴的影响,其中既有有意识的教育反馈(如父母),也有无意识的自然反应(如奶奶),还有同伴的行为示范(如同学)。在个体的品德发展中,它们都是重要的影响因素,从大的方面来说都属于个体外部的环境因素。

一般认为,环境是指生物体生存空间内各种条件的总和。人类个体的生存环境包括自然环境和社会环境,社会环境对个体的道德成长具有重要作用,是个体品德发展的重要影响源,其中的许多因素对个体的品德发展发生着现实的影响。可以分为以下主要方面:

1. 个体在其中生活和成长的社会存在和社会意识,包括社会经济制度、政治制度、社会主导的意识形态,以及各种思想、文化;

2. 个体置身其中的社区环境,包括这个地区的自然条件、文化环境、日常生活和生产的特点等;

3. 个体所在的学校和家庭,以及个体经常参与活动的各种校外教育机构如少年宫、少年儿童科技站、少先队及共青团夏令营、校外文艺队、体育运动队等机构、团体所实施的社会教育。

4. 大众传媒。

在这四大环境中,具体因素有物质条件,如孟子所说:"富岁,子弟多赖;凶岁,子弟多暴,非天之降才尔殊也,其所以陷溺其心者然也。"①有教育,如卢梭认为儿童的不良行为不是自然而然形成的,而是成人教导失误的结果,儿童是主动的学习者,教育应该从儿童的天性出发,遵循自然的规律进行;有气氛、同伴影响、社会制度等,如培根(Francis Bacon)指出:"假如个人的单独的力量是很大的,那么共有的联合的习惯,其力量就更大的多了。因为在这种地方他人底例子可为我之教训,他人底陪伴可为我之援助,争胜之心使我受刺激,光荣使我得意,所以在这种地方习惯力量可说是到了最高峰。天性中美德的繁殖是要仗着秩序井然、纪律良好的社会的。"②所谓"蓬生麻中,不扶而直。白沙在涅,与之俱黑。"③"染于苍则苍,染于黄则黄,所入者变,其色亦变。五入必,而已则为五色矣,故染不可不慎也!"④都是以对环境影响人性的深刻认识为前提的。

鉴于文化的强包容性,现代研究中常常将环境中诸因素的影响概括为社会文化的影响。根据社会建构论,个体的思想源自社会群体或知识共同体,发生在具体的历史文化背景之下。可以说,个体获得怎样的道德品质,与他所处的

---

① 孟子.告子上。
② 培根.论习惯与教育.出自培根论说文集.北京:商务印书馆,1983:145.
③ 荀子.劝学。
④ 墨子.所染。

社会文化有关。这就像一颗种子,虽然已具备了成长的可能性,但若缺乏适合于自身发展的温度和湿度是难以发芽的。或者,虽有一定的温度和湿度,但没有达到理想的程度,这颗种子的生长也就难以达到基因赋予的潜在的理想程度。因此,个体发展的外部社会文化纷繁复杂,对个体的道德发展起重要的影响作用。

视窗 1-4

电视广告对儿童的道德影响

电视广告文本:养生堂龟鳖丸的"父子情深"系列

【广告画面】 该电视广告抓住父与子之间"瞬间感动"的生活细节,如"生日"篇中,表现了儿子小时候过生日父母给他煎荷包蛋,父亲看着他狼吞虎咽那一刻的舐犊之情;又如"报纸"篇中,表现了儿子参加工作后第一份工资买了两盒龟鳖丸,老父亲在船码头用报纸把它包了又包。儿子的旁白由龟鳖最补身子之类的功能演绎到父子亲情的渲染:"您头上又多了些白发,好日子才开始,您可千万要保重,留着好身体,享您儿子的福!"

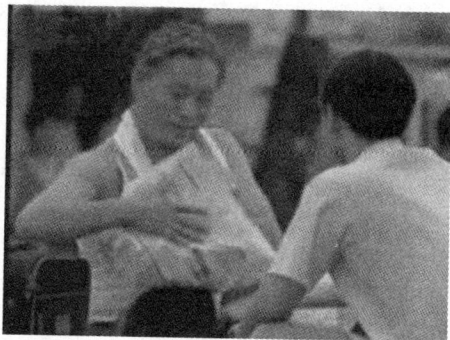

养生堂龟鳖丸的"父子情深"系列广告截图

【解析】 这则广告情厚重,意真切,令人难忘。很好地演绎了中国传统伦理中的孝道,具有深层的文化背景,感人至深。儿童接触这类广告内容,可以更好地激发他们对父母的孝顺之情。

电视广告文本:旺仔儿童大礼包

【广告画面】 前两年旺仔集团在为其一款儿童大礼包做促销的电视广告片中,小男孩在超市里,语气霸道地向妈妈提出要求:"我也要送礼。"并且指明要把大礼包送给他"最尊敬、最最喜欢的李老师……的女儿",理由是"因为她请过我。"终于如愿以偿,小男孩坐在沙发上竟然偷着抱了一下小女孩。

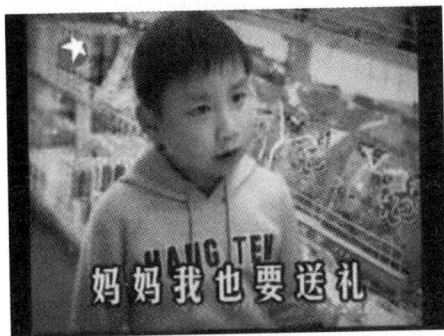

旺仔儿童大礼包广告截图

【解析】　礼尚往来本是中华民族的优良传统，但通过电视广告渗透给小孩子卷进请客送礼的风潮毕竟不值得提倡。旺仔系列电视广告不断宣扬广告中人物使用旺仔产品能解决问题，会令儿童误以为所有运气、社交等问题，均能透过物质消费途径来解决，容易误导其价值观的形成。

资料来源：吴华. 电视广告对儿童的道德影响论析. 硕士学位论文. 杭州师范大学,2008

三、内外部影响因素经由个体活动交互作用

个体发展的动力究竟来自内部的遗传与成熟，还是外部的环境影响？在这一问题上，曾出现过内发论与外铄论两种对立的观点，在心理学中分别对应于精神分析理论和行为主义心理学。前者将个体发展的动力归为内部的性力，后者归之于外部的环境刺激。后来这两种观点都遭到了反对：阿德勒(Alfred Adler)提出人类的行为不完全由遗传和环境来决定，个体能创造性地构建自己的生活："对生活的许多可能的解释展现在人们面前，个人完全可以从中自由地选择对自己最有效用、最适合的一种。任何特定的个体都具有某些生物遗传因素和一系列的过去经验，但正是创造性的自我对这些变量的作用和解释决定了自身的人格。"[1]卡特尔(Raymond B. Cattell)则认为人格的发展并非来自遗传或环境，而是来自两者交互作用，并与成熟有关，等等。吸取这些观点，新精神分析学派开始强调文化和社会因素对人格的影响，以班杜拉为代表的新行为主义则导向了社会认知理论，提出了符合建构主义的研究范式和核心概念。

---

① 赫根汉. 人格心理学导论. 何瑾，冯增俊译. 海口：海南人民出版社,1986：109.

个体品德发展的动力问题同样可以用建构论来回答。

在理论渊源上,皮亚杰的发生认识论是建构主义重要的思想来源,在宽泛的意义上,也是建构主义的重要内容。皮亚杰将个体道德发展主要看作是与智慧发展相平行的过程。而认识是在心理结构通过同化与顺应追求平衡的过程中建构的:"认识既不能看作是在主体内部结构中预先决定了的——它们起因于有效的和不断的建构;也不能看作是在客体的预先存在着的特性中预先决定了的,因为客体只是通过这些内部结构的中介作用才被认识的,并且这些结构还通过把它们结合到更大的范围之中(即使仅仅把它们放在一个可能性的系统之中)而使它们丰富起来。"①因此品德同样是建构的,是通过儿童的自发性活动(动作)建构的。这是从认知的发展角度而言。而另一方面,成人约束、单方面尊敬、协作等是儿童品德发展的社会原因。其中协作活动是自律道德发展的根本动力。皮亚杰对此特别作了分析:"从道德的观点来看,这种合作能使儿童真正执行行为的原则而不仅是顺从于外在的约束。……合作有助于形成许多特殊的相互关联的价值,如以平等为基础的公平和'有机的'互相依赖这类价值。"②关于合作之所以能促进道德发展的机制,他写道:"个体通过将自己的动机与所有其他人所采纳的规则加以比较,被引导着去客观地判断他人,包括成人的行为与命令。这时,单方面的尊敬减弱,个人的判断开始了。结果,合作压制了自我中心和道德实在论,并因此达到了规则的内化。一种纯义务的新道德出现了。……总之,合作导致了道德水平上的转变,这与发生于智慧领域的转变是平行的。③

可见,不管是从认知原因,还是从社会原因分析,儿童品德的发展都是通过主体的活动与原有的心理结构发生作用而实现的。认知原因侧重的是发展的内部条件,社会原因侧重的是发展的外部条件。通过活动(如合作),儿童内在的道德结构(如自我中心、道德实在论)实现与外部文化环境(如其他人采用的规则、成人的行为与命令)互动,从而导致道德水平的提高(如规则的内化、纯义务道德出现)。

在内部条件上,由于皮亚杰是主张认知对于道德的决定性作用的,因而只分析了认知因素,而品德其实涉及了知情意行、形式与内容等多个维度,它们都是个体品德发展的内部条件。在外部条件上,社会文化对个体品德发展的作用是尤其重要的,它不止是成人的约束和行为、外在的规则、合作的活动形式等。近半个世纪之后,科尔伯格还探讨了学校的道德氛围、公正团体法中隐含的价

① 皮亚杰. 发生认识论原理. 王宪钿译. 北京:商务印书馆,1997:16.
② 皮亚杰. 教育科学与儿童心理学. 傅统先译. 北京:文化教育出版社,1981:184.
③ Piaget,J.. *The Moral Judgment of the Child*. Routlege & Kegan Paul Ltd,1932/1968.411.

值观等对学生的影响,提出了道德教育中的隐性课程问题。如果不是从教育的角度看,所有能纳入显性课程和隐性课程的内容都是个体品德发展的社会文化条件。

第三节　道德教育在品德发展中的作用

案例 1-3

美国的"高考"作文题[①]

中国的高考刚刚结束,大家可能会很感兴趣:美国的 SAT,就是有点像中国的"高考"的全国统一考试,作文题是怎样的呢?

让我们来看几道题(选一):

3. 背景:当今的年轻人受到的教育大部分不是来自学校。他们的教育来自家长、同伴、老师,甚至是街上的陌生人。他们受的教育,来自他们看的电影、听的歌、看的表演、读的课外书、参加的工作、参加的运动队,等等。学校的教育虽然也很重要,但不过是他们受到的教育的一小部分而已。

任务:你认为你受到的教育基本是来自学校以外吗? 为什么? 自己拟定题目写一篇文章。

……

上述作文题中的说法,愚以为不大可能在我国的考试中出现。我们这里比较流行的是"王婆卖瓜,自卖自夸",谁干什么谁就说什么伟大、光荣、重要、作用巨大。教育工作者怎么可以说自己的作用只是"一小部分"呢? 这不是矮化自我吗? 这不是胳膊肘向外拐吗?

前些日子我到一个中学去给老师讲课,就遭遇了这样的指责。我谈到家庭教育的作用大于学校,谈到遗传的作用不可忽视,谈到教师工作是有界的,不赞成"没有教不好的学生,只有不会教的老师"的提法,扫了一些人的兴,让他们很反感。

学校教育真的只是年轻人受到的教育的一小部分吗? 教师工作是否真的有边界? "没有教不好的学生,只有不会教的老师"这一被众多人接受的信念真的不对吗? 上述案例的作者提出了很好的问题。如果不能正确地认识教育的

---

① 王晓春.做一个专业的班主任.上海:华东师范大学出版社,2008:123—124.

作用,就难以让教育在个体发展中发挥真正有效的作用。在道德教育中,这个问题尤其突出。因为很久以来,人们一直在探索能够成功地培养出优良品德的方法,只是现实的教育实践结果却不稳定,它似乎既能教出有道德的人,又对相当一部分学生的品德培养束手无策。道德教育在个体品德发展中究竟有怎样的作用? 或者说道德教育在个体品德发展中能起怎样的作用? 应该起怎样的作用?

一、个体品德发展需要道德教育

德育是教育工作者组织适合德育对象品德成长的价值环境,促进他们在道德认知、情感和实践能力等方面不断建构和提升的教育活动。[①] 一般情况下,它主要是指学校的道德教育。家庭的、社会的教育影响虽然不及学校有目的有计划有组织,但也对个体发生着影响,所以也属于道德教育的一部分。

根据前文所述,个体先天地拥有道德活动的心理形式,这是否意味着品德如生理本能般由遗传所得,不再需要道德教育? 答案是否定的。个体通过遗传可以获得的只是一种心理上的结构或形式,它提供道德活动的心理反应基础,但本身并不是现实的德性。现实的德性还包含着具体的内容,它只能在现实生活中生成和获得。如人类的膝跳反应本能是一种对刺激作出反应的神经活动机制,而不是现实的已发生的膝跳反应行为。膝跳反应的神经活动机制可以遗传,但现实的膝跳反应行为不能遗传,它只能在适宜的现实刺激下发生。引发心理模式作用的外部刺激要比引起本能的生理反应的刺激复杂得多。而且心理活动的产生也不是简单的刺激—反应的结果,品德更非如此。没有个体的实践活动,没有丰富的外部文化环境,便不可能产生道德意识和道德行为,个体德性便无从谈起。同理,个体的道德发展必须在活动主体与外部文化环境的互动之下才能实现。没有外部文化环境,就不可能有个体的道德发展。而道德教育正是外部文化环境中不可或缺的部分。不论这种道德教育是有意的,还是无意的,它都伴随着人类的发展始终存在。可以说不存在没有道德教育的文化环境。因此,品德发展离不开文化环境,也就离不开道德教育。

换个角度看,得自遗传的道德活动的心理形式为个体品德发展提供了可能性,但可能性要演变为现实性需要个体的道德学习和外部的反馈,这种外部反馈即广义上的道德教育,而一旦遇到外部有意识的狭义的道德教育,"可能"更容易成为"现实"。马斯洛(Abraham H. Maslow)曾把人的心理需要称为"似本能",以说明其不同于动物本能的微弱性,需要放大。明朝哲学家王廷相主张人

---

① 檀传宝.德育原理.北京:北京师范大学出版社,2007:6.

心本具善端,但仍主张人的品德需经后天学习和教育形成。他以"父子之亲"打比方:"婴儿在胞中自能饮食,出胞时便能视听,此天性之知,神化之不容已者。自余因习而知,因悟而知,因过而知,因疑而知,皆人道之知也。父母兄弟之亲,亦积习稔熟耳。何以故?使父母生之孩提而乞诸他人养之,长而唯知所养者为亲耳。涂而遇诸父母,视之则常人焉耳,可以侮可以詈也。此可谓天性之知乎?由父子之亲观之,则诸凡万物、万事之知皆因习,因悟,因过,因疑而然,人也,非天也。近世儒者务为好高之论,别出德性之知,以为知之至,而浅博学,审问,慎思,明辨之知为不足,而不知圣人虽生知,惟性善近道而已。"①可见,善端不能保证善行,所有的认识都要通过或直接学习、或触类旁通、或吸取教训、或进一步分析等途径而来,道德观念的形成也需如此。同理,个体道德发展虽以道德原型为心理基础,但仍然需要道德教育。

二、道德教育在个体品德发展中起引导作用

在看待教育对人的作用问题上,长期以来比较普遍的观点是学校教育起主导作用,相应地,学校德育在儿童道德发展中也起主导作用。这体现在大部分教育学和德育学论著中。其立论的根据是遗传素质提供了儿童发展的物质基础,环境是个体发展的重要条件,学校教育虽然本身也是一种环境,但因其能有组织有目的地利用和控制各种环境条件而具有独特的价值。显然,在这一立论中并没有考虑到儿童是否具有先天的道德发展的心理基础,所谓的遗传素质完全是作为生物条件而言的。事实上,个体品德的发展不仅拥有先天的心理基础,而且是经由主体活动与外部世界互动的结果。在此过程中,学校道德教育还对个体品德发展起主导作用吗?或者说,在认识到并承认个体先在的道德心理倾向性在文化环境的作用下容易激发为现实的道德意识和行为的前提下,如何衡量学校道德教育在其中的作用?回答这一问题可以借鉴杜威(John Dewey)等人的观点。

杜威认为"一切品行从根本上和实质上说都源自与生俱来的本能和冲动"②,但是"儿童天然的或天赋的冲动和他们出生加入的群体的生活习惯是不一致的。所以,必须对他们进行指导或疏导"。③ 如何指导或疏导呢?杜威主张通过控制儿童参与的情境的性质展开间接的教。他说:"青少年在连续的和进步的社会生活中所必需具有的态度和倾向的发展,不能通过信念、情感和知识的直接传授发生,它要通过环境的中介发生。"④社会环境具有教育性,所以要让

　① 王廷相.王氏家藏集(第五卷)·雅述上篇。
　② 杜威.道德教育原理.王承绪等译.杭州:浙江教育出版社,2003:24.
　③④ 杜威.民主主义与教育.王承绪译.北京:人民教育出版社,1990:43,24.

儿童参与社会生活或活动。但是,社会环境就教育效果而言一般都是偶然的环境,因此"随着社会变得日益复杂,就有必要提供一个特殊的社会环境,特别关心培养未成年人的能力。"[①]而学校就是特殊的环境——"学校当然总是明确根据影响其成员的智力的和道德的倾向而塑造的环境典型。"[②]"这个特殊的社会环境有三个比较重要的功能:一是简化和安排所要发展的倾向的许多因素;二是净化现有的社会习惯并使其观念化;三是创造一个更加广阔和更加平衡的环境,使青少年不受原来环境的限制。[③]可见,杜威是看重学校教育的,这与学校作为特殊环境而具有的功能有关。涂尔干与杜威一样认同儿童身上具有发展的自然倾向,指出要让这种自然倾向构成道德状态,需要后天的教育,特别是学校教育的启发。

视窗 1-5

涂尔干论学校道德教育

无论根据儿童本性如此提供给我们的这些作用模式多么有力,它们都肯定不能单独产生我们想达到的道德效果。确切地说,这些禀性并不能单凭自身构成道德状态,这种状态是后来达成或实现的。但是,依据人们如何利用它们,它们会促成最矛盾的目标。……

我们的意思并不是说,儿童起初就接受了一些预定的道德倾向。……他出生时所拥有的一切,只是很普通的性情,这些性情被固定下来的方式,要根据教育者怎样发挥影响而定,依据怎样启发这种潜能而定。

我们已经适时地指出,这种启发作用可以而且必须始于家庭,从摇篮起步。……

尽管这种家庭教育对道德生活来说是不错的初步准备,但是,它的用处却很有限。……这样一种训练,在家庭中只能是非常不完善的,必须转交给学校。事实上,学校有一种能够预先决定儿童行为的完整的规范体系。

……

在儿童离开家庭时发现自己所处的道德状态与他必须追求的道德状态之间,存在着巨大的差距。这段路程是不可能在单一阶段走过去的。必须要有某些中介。学校环境就是最合乎需要的中介。与家

---

①②③　杜威.民主主义与教育.王承绪译.北京:人民教育出版社,1990:21,25.

庭或很小的朋友圈子相比,学校环境是一种范围更广的结合。……另一方面,它又是非常有限的,仍然可以结成一些个人关系。学校的范围不是太大,儿童的意识很容易就能涵盖它。班级中共同生活的习惯,以及对班级甚至学校的依恋,可以使儿童完全自然地准备接受我们希望在儿童身上培养的那些更高尚的感情。

　　资料来源:涂尔干.道德教育.陈光金,沈杰,朱谐汉译.上海:上海人民出版社,2006:108—110;169

　　综合涂尔干和杜威的观点,学校道德教育对于个体品德发展的重要作用就在于能够创设和利用环境启发儿童的道德潜能,使儿童的禀性朝符合社会道德规范的方向发展,而不是相反的方向。"人们可以利用很容易在儿童身上确立起来的习惯的支配地位,使儿童获得对一种有秩序的生活的偏好。反过来,如果人们不以某种适当的方式及时介入进来,儿童就很有可能逐渐习惯于没有常规的行为;一旦他养成了这种习惯并在他身上扎根,他就会感到难以摈弃这种习惯。"[1]

　　可见控制好文化环境就可以引导个体道德发展,而学校显然是可以控制的文化环境:它可以使符合当代要求道德活动的倾向性变为现实的道德意识和行为;也可以使不符合当下的倾向性因为缺乏适当的外部刺激而无从显现;还可以通过环境的营造和不断的道德训练使个体建立起新的道德心理—行为联系,并不断巩固成为道德习惯,甚至达至道德无意识水平。这样的控制与训练显然非家庭教育所能及。当然,学校的文化环境是广义的,包含着有目的有计划的显性的道德教育和隐性的各种道德影响。

　　由此看来,学校道德教育对于个体品德发展而言仍是重要的。承认个体品德发展具有先在的心理基础,道德教育的主要作用就是"引导",而非"主导"。肖川分析这种"引导"就是一种"文化—心理"过程。他说:"当我们把'关注个体生成与发展'的教育用'文化—心理过程'来意指时,就已经内在地包含了它的两个基本点,就标识着教育必然是牵涉于社会文化(传统)与个体精神生活、内心世界之间的一种活动。……教育(特别是主体性道德人格教育)作为文化—心理过程,所关注的是理想个体的生成与发展,它有两个相互制约、相互联结、相互规定、对立统一的基本点:价值引导和自主建构。"[2]檀传宝提出人类个体具有先验性的道德心理禀赋,其实质是"社会性文化心理结构",是主体性道德教

　　① 涂尔干.道德教育.陈光金,沈杰,朱谐汉译.上海:上海人民出版社,2006:109.
　　② 肖川."人性本善":主体性道德人格教育的价值预设.华东师范大学学报(教育科学版),1999(3):1—2.

育的基础,主张改革道德教育的内容和方法,因为"德育所能做的事情其实很有限,它只能是提供一种有利于道德生长的价值引导环境而已。"①

总之,学校的性质决定了学校道德教育对于个体品德发展的重要性,不过,这种重要性不再体现为"主导",而是"引导"。学校以外的道德教育作为个体生活的文化环境也对个体的道德发展发生作用。要使道德教育真正发挥对个体品德发展的重要作用,学校必须善于控制环境和各种教育影响,而这,涉及学校对方式方法的理解与运用。

三、道德教育—自我教育—品德发展

道德教育对个体品德发展的引导作用如何实现?为什么有时候有道德教育的努力或道德教育活动,却见不到效果?也就是说教育引导有时并不产生效果,其原因是什么?根据"品德发展是个体内外部影响因素经由个体活动交互作用"的原理,可以推断产生这种现象的原因应该是道德教育引导活动作为外部影响因素尚未与个体内部因素发生交互作用。在品德发展的过程中,个体要经历并解决许多矛盾,其中最重要最关键的矛盾就是外部要求与自身已有道德发展水平之间的矛盾。个体需要不断努力提高原有的水平,以达到外界对他的要求。当个体能够认同外界要求并认识到自身不足时,他会努力按外界要求去做;如果个体并不认同外界的要求,那他显然是不会朝着那个方向努力的。这种认同外部影响(主要包括道德教育引导)并内化为对自己的要求,努力向之发展的过程就是个体开展自我教育的过程。因此,只有能够引导个体开展自我教育获得品德发展的教育才是真正有效的道德教育。

案例 1-4

实际运作的剑桥学校②

和其他学校一样,学生偷窃在剑桥也是普遍的问题。在第一年的十二月,非传统学校(the Alternative School)的一位实习教师邀请一群学生到她家做蜡烛。第二天,室友告诉她房间丢了五副耳环。因为没有其他访客来过房间,她们怀疑某位学生拿了这些耳环。但是当实

---

① 檀传宝.德性只能由内而外地生成——试论"新性善论"及其依据,兼答孙喜亭教授.清华大学教育研究,2001(3):22.

② 案例来源:Richard H. Hersh, John P. Miller & Glen D. Fielding. Models of Moral Education. Longman Inc., New York, 1980:154—157. 译文参照:哈什,米勒 & 菲尔丁.德育模式.刘秋木,吕正雄译.台湾五南图书出版公司,1993:168—171.

习教师在学校提出这个问题时,没有人自愿提供任何信息。

一个月之后,有位学生带着一盒银戒指到处展现。就在教室里,其中一只戒指不见了。所有人都说那戒指可能被丢到窗外去了。

这些事情的结果所引发的偷窃问题,在一月的团体会议中被提出。一开始,有个小组就建议:"偷窃者要受纪律委员会惩罚,所有财物要归还或赔偿。"如何惩罚的讨论一直在进行,直到教职员有所调解。常参加这项会议的科尔伯格问道:"也许有人能解释为什么继续发生偷窃的事情。难道他不认为偷窃是不对的,而且违反团体的规定吗?"

学生的反应冷淡。一位学生说:"我不认为那值得担忧。事实上,它已经发生了,为它发生的原因而烦恼,并不值得。"但是,教职员坚持:"我认为偷窃不是私人的事情,而是整个团体的事务。它不是纪律的问题,而是团体里的人彼此应有某种程度的信任感,任何人偷窃团体里他人的财物,都与此不相符合。"

只有一位学生谈到信任的层次,一位坦诚的女生说出大多数人的心声:"这是空口白话,没有用的。你制定防止偷窃的规则,但是仍然无济于事……在这学校总有某些人在背后做某些事情。"

讨论又回到制定有关偷窃的规则。虽然没有人确定制定规则会有效,但是所有人都同意第一步应该制定规则以及违反规则的处罚。正如一位学生所说的:"假如通知家长有关偷窃的事情,犯案的学生下一次会三思,而偷窃的事件就会减少。"

会议在争论中结束,但是问题依然存在。第一年及第二年的学期初,偷窃的行为继续存在。

第二年的十月,一位女学生的钱包被偷走九美元。她非常确定是某个同学拿了这些钱,但是没有人承认。为了这件事,团体召开了一次会议。

开会之初,各小组的报告反映出学生的顾虑。大家认为类似偷窃的行为,会破坏学生的团体感:"我们建议每人交一角五分钱,因为一角五分钱不会影响你的生活。"换句话说,假如每人给一角五分钱,被偷的学生就可以拿回失窃的九块钱。整体赔偿的理论基础非常有趣:"五十多人,每人应缴一角五分钱来还她,因为这不是她的错。这是每个人的错,因为大家都不关心这个团体。他们认为他们都只是单独的个人,根本不必考虑团体,但是每个人必须负责让她能拿回被偷的钱。"

学生所陈述的意见和其所受到的支持，显示了这所学校在迈向公正团体的道路上出现了转折点。学生第一次表达了对学校事务的责任感。假如某人的钱被偷，那是所有人的错，没有好好照顾团体。

当然，这项陈述也会受到其他同学的反驳。有些学生认为，偷窃的发生是女生的责任，因为她把钱弄丢了，或者是偷窃者的责任。但是大多数的人同意一项折衷方案，假如在期限内钱没有找回来，每人都必须付一角五分钱来共同赔偿损失。

会议后的事情发展验证这是一个转折点。一星期过去了，还是没有人承认，看来大家必须付钱来赔偿损失。此时有些学生承认知道是谁偷了钱，而且愿意私下告诫偷窃者坦白其过错。但是，事实证明仍然无效，他们感到无奈，就向团体大众透露她的姓名。最后，同学们决定把她开除。值得一提的是，从那以后学校里再也没有发生偷窃的事情。这并不是说学生保证以后永不偷窃，而是他们在会议中达成了一项协议："假如你要偷窃，在你自己单独的时间去做，而不要在学校里面。"

如同会议所反映的，第一年到第二年的进展虽缓慢，但是有意义。我们可以从下面的情况中了解：

在第二年，学生扮演积极的角色，把偷窃当成团体的问题来处理。他们串连以下的理念——如果人们无法信任彼此间的财物，他们就无法建立团体。

会议的质量得到提高。学生不仅提出不同的行动建议，而且对这些建议为何必须被采纳的阐述给予理性的支持。学生叙述彼此的立场及理由。

经由判断到行动来作最后的决定。虽然第一年的规则与惩罚无法阻绝偷窃，第二年学生之间却衍生一项准则——学校不应该发生偷窃的事情。他们供出偷窃者的姓名，意味着他们愿意执行这项准则。

进展是缓慢的。在街头偷窃频繁的社区，无法期待马上去除偷窃的行为。但是，重要的突破实现了，不仅是因为学生都同意不能在学校偷东西，而且是因为他们紧密地联结在团体之下，支持其规则。我们相信他们积极建立规则的态度，对后来投入执行工作是有重要影响的。

案例1-4来自科尔伯格运用公正团体策略培养学生品德的教育实践。科尔伯格认为学校中的制度、气氛都对学生的品德发展发生着作用，民主的品质需要通过过民主的生活来培养。为此，他在教育实验中，创用了公正团体作为学校组织生活的制度和原则。

视窗 1-6

公正团体道德教育

　　从 1974 年开始,科尔伯格及其同事选择了剑桥市卡布里奇中学的附属学校(the Cluster School)和纽约市布鲁克莱恩中学的"校中之校"(School-Within-School)以及波士顿市斯卡斯代尔中学的非传统学校(the Alternative School)等三所学校作为公正团体策略实验学校,实施公正团体道德教育。

　　建立一个公正团体,创造一种公正的道德氛围,让师生民主地参与到集体活动中来,进而促进个体的道德发展,这是公正团体策略的基本要求和实现途径。公正团体一般要求学生人数不能太多,在 60—100 人之间为宜,教师与学生的比例保持在 1∶10 左右,这样可以使每个团体成员都有机会参与到团体会议中来,最大限度地实现参与性民主的理想效果。

公正团体方案的组织结构

机　构	成　员	任　务
议事委员会	8—12 名学生和 2—3 名教师	决定问题;制定议事日程。
顾问会议	1 名教师(顾问)和 10—15 名学生	使大家畅所欲言;就 1—2 个重要的道德问题进行讨论。
集体会议	全部教师和学生	讨论和解决道德问题;制订规则和上诉违纪事件。
纪律委员会	6—8 名学生和 2 名教师	听取违纪案件和人际间的非礼行为;进行奖励;促进人际理解。

　　资料来源:杨明.班级境域中的公正团体策略研究.硕士学位论文.杭州师范大学,2009

　　在上述案例中,实验学校为学生创设的是一种引导平等民生价值的氛围,全体学生和教师都可以在团体会议上对连续的偷窃事件平等地发表自己的看法。讨论刚开始时,学生对问题的看法和提出的应对建议不尽相同,反映出学生道德认识和判断的发展水平不一。要统一全体学生的意见十分困难。这时,教师没有强行推行自己的意见,而是很有耐心地让学生继续讨论。随着讨论的深入,学生们逐渐统一了对"团体"的认识,认同每个人都是团体中的一份子,应该关心团体中发生的每件事。这一结果是不同品德发展水平的学生在讨论过程中充分进行思想上的交流与碰撞的结果。在此过程中,学生个体在遇到不同意见时要与自身的认识进行协调,在群体中调整自己的认知与价值观。这实际上是一个自我教育的过程。最后,出于对公正团体共同利益的关心,大家达成了一项解决方案。而对所有参与其中的学生来说,更重要的不是取得了解决问题的方案,而是在道德思维上由个体的"我"的思维方式逐步变成团体的"我们"的思维方式,同时民主、平等的价值观与情感得到了培养。这见证了公正团体中每个学生的成长和品德发展,既是团体成员个体也是团体成员全体自我教育成功的结果。

拓展阅读

1. 杨韶刚. 道德教育心理学. 上海:上海教育出版社,2007

该书第四章"品德心理结构成分分析"探讨了我国学者对品德心理结构多层次、多视角、多方位的研究,显示了品德心理结构研究的阶段、结构性、系统性和发展性特点。对于加深学习本章第一节"品德的心理结构"很有裨益。

2. 魏贤超. 德育课程论. 哈尔滨:黑龙江教育出版社,2004

该书阐述和论证了主体参与式全息整体德育课程体系的基本理论构想,以及全息整体德育课程体系的理论与实践框架等内容。学习其中有关道德素质整体及全息整体德育的内容有助于理解本章第二节所述品德发展的整体性和道德教育的整体性。

3. 蒋一之. 道德原型与道德教育. 杭州:浙江大学出版社,2008

该书集中探讨了道德教育的个体心理基础,提出以道德原型的生成发展规律为基础的道德教育措施。第三章"道德原型与个体道德发展"梳理考察了品德发展各个要素维度,分析了影响品德发展的各种因素,有助于学习本章第二节;第四章第一节中对德育在个体道德发展中的作用的论述有助于学习本章第三节。

反思与探究

几年前,班里有个学生叫峰,他的父母因感情不和闹离婚,对簿公堂的那天,他也在现场,结果父母在争财产的同时,都使劲把峰当作包袱甩给对方,峰是哭着跑出法庭的。后来他跟着奶奶一起过,曾经懂事的他变成了一个喜欢抽烟、打架、旷课的"坏孩子"。

我非常同情他,很少指责他的种种坏行为,更多的是给他一个老师的关爱,甚至有时候赶上刮风下雨就把他留在我的宿舍,和我一起吃。同时,我还背着峰偷偷让学生们多关照和包容他。

但是,峰对这些似乎毫不领情。他在我这儿吃完饭,嘴一抹,连声谢谢都不说就走。我觉得他似乎对这个世界上的任何人都不再相信,我和班级同学们对他的"爱"犹如萤光烛火,难以捂热他那颗已经冰封了的心。

就在我对峰束手无策时,班里转来一个因车祸失去双腿的学生雨。正好因为峰课上经常捣乱,同学们都不愿和他同桌,使他成了孤家寡人,我便安排雨和峰同桌。不能自理的雨每天需要别人用轮椅把他推进教室并抱到课桌前;课间雨要上厕所,也需要别人把他再抱到轮椅上推到厕所。班里有些学生自发帮助雨,但我发现似乎只有峰时刻待在雨的身旁,喜怒无常的峰在雨面前竟然显得格外耐心、体贴,而照顾雨的责任几乎全都被峰主动承担起来。雨对峰的感激之情自不必说。慢慢的,我和同学们都感到峰发生了变化,他不再旷课,很少打架,甚至课上也积极发言了。

最后,峰和雨都以较理想的成绩升入了高中。

(资料来源:贾斌.感化自己.班主任,2011,(10):64)

1. 峰在父母离婚后为什么会变成一个"坏孩子"?

2. 为什么我和班级同学们对峰的"爱"都不起作用?

3. 你认为是什么原因让峰主动承担起照顾雨的责任?他为什么变"好"了?

第二章 道德认知的发展

【学习目标】

1.领会皮亚杰和科尔伯格的道德认知发展阶段理论。

2.了解学生道德认知发展的年龄特征。

3.能够根据实际情况,选择运用促进学生道德认知发展的方法。

道德认知是指个体"对客观存在的道德关系及如何处理这种关系的原则和规范的认识,是品德心理结构的一个重要组成部分,包括道德印象的获得,道德概念的掌握,道德评价和道德判断能力的发展,道德信念的产生以及道德观念的形成等"。[①] 一般认为,道德认知是产生道德情感的必要条件,同时也是促进道德行为发展的基础。因此道德认知在个体道德观形成过程中起着重要作用,它激发个体按特定的道德原则自觉地去行动和决策,从而形成自己的道德观念体系。

第一节 道德认知的发展理论

案例 2-1

"学生捡到钱后会如何做"[②]

成都某报记者做了一份关于"学生捡到钱后会如何做"的调查。市实验中学的两名男生回答,即使见到地上有一元两元的钱,他们也不愿意捡,觉得捡了钱还要上交,很麻烦。如果哪天意外捡到数额较大的钱,他们首先想到的是把钱交给家长来处理。在市实验小学门前,一名学生说,有时她捡到一元两元钱,自己随便买个冰糕什么的。

---

① 林崇德,黄希庭,杨志良.心理学大辞典.上海:上海教育出版社,2003:197.

② 魏春兴.马路边捡钱怎么办? 50 元钱难住 6 岁纯真儿童. http://tieba.baidu.com/f? kz=126577916,2006-08-23.

要是捡到的钱较多,她会考虑把钱交给老师,班上也有同学这样做,上交的钱都当班费了。采访过程中,记者问一名学龄前儿童遇上这种事儿该怎么办时,他想了半天没有回答。正当记者准备离开时,他突然说了一句:"交给警察叔叔!"

表 2-1　不同学习阶段学生关于捡到钱的态度

年龄 \ 态度 \ 金额	较少(一两元)	较多
学龄前	不知所措,或交给警察	
小学生	自己买东西	交给老师
中学生	不愿意捡	交给家长

如表 2-1 所示,对于捡到钱以后的做法,学龄前儿童、小学生、中学生所选择的做法是不同的,各个年龄阶段的儿童捡钱后不同的做法,从某种程度上反映出不同年龄阶段的学生对拾金不昧这一道德行为准则的不同认识,反映出道德认知水平的不同。为什么不同年龄阶段的儿童对同一道德规范(拾金不昧)会有不同的认识呢? 道德发展阶段理论或许能给予合理的解答。

道德认知发展阶段理论是由瑞士心理学家让·保罗·皮亚杰(Jean Paul Piaget)提出,后经美国道德心理学家劳伦斯·科尔伯格(Lawrence Kohlberg)继承和发展。皮亚杰采用"对偶故事法",从儿童的道德判断入手,研究儿童道德认知的发展,认为儿童认知经历了一个从他律向自律发展的过程;科尔伯格以皮亚杰的道德判断研究为基础,运用"道德两难故事法"对个体的道德认知发展进行研究,提出了道德认知发展阶段理论,总结出了"三个水平六个阶段"的道德认知发展模式。

一、皮亚杰的道德认知发展阶段理论

受杜威(John Dewey)的道德发展阶段观的影响,20 世纪 20 年代末到 30 年代初,皮亚杰对儿童的道德判断进行了系统的研究,提出了道德判断发展阶段学说,并出版了《儿童的道德判断》一书。该学说是建立在系统实验研究基础之上的道德发展和道德教育观,为当代影响最重大的认知发展学派德育理论的建立奠定了坚实的基础。

皮亚杰认为,一个人道德上的成熟主要表现为遵从规则和具有社会公正感两个方面。因此,皮亚杰对儿童对待规则的态度、对行为责任的道德判断和公正观念,以及儿童心目中的惩罚等问题进行了深入的研究,揭示了儿童道德观念的发展过程,指出"随着儿童年龄的增长和社会关系方面的变化,他律的道德规则逐渐发展为自主(自律)的规则"。①

（一）儿童规则意识的发展

皮亚杰把儿童对规则的认识作为研究儿童道德判断发展的起点。他用打弹子游戏的规则来说明儿童道德判断的法则,并从儿童的游戏规则实践和规则意识两方面来说明儿童道德判断的起源和发展。皮亚杰经过研究发现,儿童对游戏规则的认识是变化发展的,大致经历四个发展阶段:②

第一阶段:纯粹运动性质和个人性质的阶段(1—2 岁)。在这个阶段,儿童并未意识到任何规则的存在或必须遵守某些规则,他们完全是按照他的欲念和运动习惯玩弹球。换言之,这个阶段的儿童完全是按照自己的意愿在玩弹球游戏。同时这一阶段的儿童进行游戏活动时纯粹是单个人玩,缺乏社会性,所以只能说这是一种运动规则而不是真正集体的规则。正如我们在日常生活中看到的,幼儿一个人在自娱自乐,自言自语,而且表现出异常兴奋等现象。

第二阶段:自我中心阶段(2—7 岁)。当儿童从外边接受规则典范的时候,这个阶段便开始了。在这一阶段,儿童认为规则是神圣不可触犯的,任何人建议改变规则,他们都认为这是在犯罪。因此,在这一阶段儿童虽然在模仿这种他已经接受的规则,但是他或者是继续独自游戏而不寻求玩伴,或者是和别的儿童一起玩但不求胜利,同时也不试图把各种不同的玩法统一起来。换言之,这个阶段的儿童即使在同别的儿童一起游戏,他们每个人都是"个人玩个人的",而不顾及他人的规则。这种双重性,即一方面模仿别人(成人)的规则,另一方面又单独运用所接受的这种规则,我们称之为自我中心状态。

第三阶段:协作阶段(7—10 岁)。在这一阶段,儿童认为规则就是有互相赞同而制定的法律,而且如果你要做一个诚实的人,你就必须尊重它们。但是,如果你能使共同舆论赞同你的意见,你也可以改变这些规则。所以,在游戏过程中,每个游戏者都试图取胜,并开始考虑互相控制和统一规则的问题。可见,在这一阶段儿童在游戏过程中表现出明显的社会性。

第四阶段:规则编集成典阶段(11—12 岁)。这一阶段,儿童认为规则是互相同意和自我良知的自由产物。所以,在游戏过程中不仅确定了游戏程序的每一个细节,而且所有的成员都知道了应该遵守规则的这一准则。

皮亚杰认为儿童对规则的认识是随着年龄的增长而发展的,同时也强调应该把各个发展阶段视作有规律的过程的几个联系的段落。

（二）儿童责任感的发展

皮亚杰认为,在自我中心阶段儿童不仅把规则看成具有约束性,而且认为

---

①② ［瑞士］让·皮亚杰.儿童的道德判断.傅统先,陆有铨译.济南:山东教育出版社,1984:1,18—20.

是不能违反的，必须刻板地遵守。这种态度是年长儿童对年幼儿童施加约束以及成人本身对他们的压迫的结果。这样在儿童看来，规则便等同于所谓的责任。皮亚杰采用谈话法和道德两难故事法对儿童责任感的发展进行研究。他在研究过程中设计了许多关于过失行为和说谎行为的对偶故事，让儿童对故事中行为者的行为作出评价，从中获得他们道德责任的发展水平。研究发现，儿童道德责任感的发展是从客观责任到主观责任，一般来说，随着儿童年龄的增长，客观责任便逐渐消失，而主观责任不断取代客观责任，同时研究认为客观责任出现的平均年龄是 7 岁，而主观责任是 10 岁。

皮亚杰认为，儿童责任感最早期的形式实质上是他律的，即儿童只是严格地遵守从字面上理解的规则。他把儿童表现出来的这一特征称为"道德实在论"。道德实在论是指这么一种倾向，即儿童不得不把责任和附随于责任的价值看成是自在的(self-subsistent)、不受内心支配的。皮亚杰认为道德实在论具有三个特征：首先，从道德实在论来看，责任本质上是受外界支配的。任何服从规则或成人的行动都是好的；任何不符合规则的行动都是坏的。其次，道德实在论要求遵守规则的词句，而不是它的精神。人们可以把它看作是一种他律的道德原则。再次，道德实在论导致客观的责任感。这一点是作为实在论的一个标准。因为儿童只注意规则的字面意思，并且只认为"好"就是服从，所以，开始时，他评价行为将不是根据激起行为的动机，而且根据行为是否严格地符合现有的规则。例如，对过失行为的认识上，这一阶段的儿童会认为约翰比亨利坏，因为约翰打破了 15 个杯子，而亨利只打破了 1 个杯子。这说明，这一阶段的儿童根据行为的客观后果即客观责任来判断行为的是非善恶。因此，儿童在道德责任判断中表现为客观责任。然而随着儿童年龄的增长，到 9、10 岁左右，儿童在对过失行为和说谎行为的判断表现出主观责任，即儿童根据行为者的主观意向，而不是行为者客观上造成的后果进行行为责任的判断。例如这一阶段的儿童认为，亨利比约翰坏。因为，约翰是无意中打碎了杯子，而亨利是趁妈妈不在偷东西吃时打碎杯子的。这说明这时的儿童已注意到了行为的意图和动机，即从行为的主观责任来作判断。但是，皮亚杰认为不能把客观责任和主观责任严格地说成是两个相继阶段。因为皮亚杰研究发现，直到 10 岁，儿童对过失行为和说谎行为进行判断的过程中还同时存在着两种类型的回答。一种反应的类型是根据物质的后果来进行评价，不考虑动机；另一种类型是只考虑动机。甚至有这样的情况，同一个儿童，在进行判断时，有时属于第一种类型，有时则属于另一种类型。所以，从细节上看并不足以体现出一些所谓的阶段性。然而广义地说，不能否认的是随着儿童年龄的增大，客观责任相应地减少，在 10 岁以后，主观责任不断取代客观责任。并且在儿童的道德发展中，其中的一个过程先于另一个过程,同时这两个过程有着部分的同步性。

视窗 2-1

对偶故事:过失行为

Ⅰ.A.一个叫约翰的小男孩在他的房间里。家里人叫他去吃饭。他走进餐厅。但在门背后有一把椅子,椅子上有一个放着 15 只杯子的托盘。约翰并不知道门背后有这些东西。他推门进去,门撞倒了托盘,结果 15 只杯子都撞碎了。

B.从前有一个叫亨利的小男孩。一天,他母亲外出了,他想从碗橱里拿出一些果酱。他爬到一把椅子上,并伸手去拿。由于放果酱的地方太高,他的手臂够不着。在试图取果酱时,他碰倒了一个杯子,结果杯子倒下来打碎了。

Ⅱ.A.有一个男孩叫朱利安。他的父亲出去了,朱利安觉得玩他爸爸的墨水瓶很有意思。开始时他拿着钢笔玩,后来,他在桌布上弄上了一小块墨水渍。

B.一次,一个叫奥古斯坦斯的小男孩发现他父亲的墨水瓶空了。在他父亲外出的那一天,他想把墨水瓶灌满以帮助他父亲,这样,在他父亲回家的时候,他将发现墨水瓶灌满了。但在打开盛墨水的墨水瓶时,他在桌布上弄了一大块墨水渍。

皮亚杰及其合作者对每一对故事都设计了两个问题:1.这些孩子的过失是否相同? 2.这两个孩子中,哪一个更坏些? 为什么? 在谈话过程中,每一个问题都要根据儿童交谈时的反应来作或多或少的说明和解释。在对被试儿童进行询问之前,同样也要让他们先复述这些故事。儿童复述故事的方式便足以表明他们是否已经理解了故事。

对偶故事:说谎行为

Ⅰ.A.一个小男孩(或一个小女孩)在街上散步时遇到了一只大狗,这只狗把他吓了一跳。后来他回到家中,并告诉他母亲说,他看到了一只像牛一样大的狗。

B.一个孩子从学校回家,并告诉他母亲说,老师给了他好分数,但这不是真的。不管是好,还是坏,老师根本就没有给他好分数。于是他母亲很高兴,并奖赏了他。

Ⅱ.A.一个男孩正在他的房间里玩。他母亲来要他替她送一封信。但他不想出去,于是便对他母亲说他的脚疼。但这不是真的,他的脚一点儿也不疼。

B.一个小男孩非常想去开汽车,但谁也不让他开。一天,他在街上看见一辆非常漂亮的摩托车,而且很想上这辆车。于是,在回到家中的时候,他对别人说,车上的绅士将车停了下来并让他开了一会儿车。但这不是真的。这些话都是他编造出来的。

在讲完每一个故事之后,就问儿童:"这孩子为什么那么说?"。在确定儿童已经理解故事之后,让儿童比较这两个故事,并回答在这两个谎话或这两个孩子中,哪一个"更顽皮些",为什么?

资料来源:[瑞士]让·皮亚杰.儿童的道德判断.傅统先,陆有铨译.济南:山东教育出版社,1984.

(三)儿童公正感的发展

公正感的发展是皮亚杰道德判断发展学说的又一重要内容。皮亚杰编写了一些故事对儿童的公正感进行研究,发现儿童是在掌握了规则的概念之后才开始构建其公正观念的。在儿童公正感的发展方面,存在着三个大的时期:[①]

✎ 视窗 1-1

研究平等与权威的故事

故事Ⅰ.曾经有过一个童子军营地。每一个人都得尽自己的一份力量来帮助工作,并保持营地整洁。有的得去买东西,有的得去洗餐具,有的得拿柴或扫地。一天,营地里没有面包了,而且负责买东西的那个孩子不在。于是童子军的领队便叫一个已经做完自己份内工作的童子军去取面包。他该怎么做?

故事Ⅱ.星期四下午,母亲要求她的女孩和男孩帮助她做家务,因为她感到疲劳。她安排女孩子擦盘子,要男孩子去拿柴。但是,这个男孩(或女孩)到街上去玩了。于是,母亲便要另一个孩子一个人干这两件事,他(或她)有些什么想法?

故事Ⅲ.有过这么一户人家,他家有三个兄弟,其中两个是双胞胎。他们都习惯在每天的早晨擦靴子。一天,这两个双胞胎的哥哥病

---

① [瑞士]让·皮亚杰.儿童的道德判断.傅统先,陆有铨译.济南:山东教育出版社,1984:388—391.

了。于是,母亲便要这两个双胞胎中的一个擦完了自己的靴子之后,把他生病的哥哥的一双靴子也擦一下。你认为这件事怎么样?

故事Ⅳ.父亲有两个小男孩。当父亲要他们送信时,其中的一个经常发牢骚,另一个也不愿意去送信,不过,如果要他去送,他也不说什么。于是父亲总是要那个不发牢骚的孩子去送信,而很少要那个发牢骚的孩子跑腿,对此你是怎么想的?

皮亚杰的合作者(朗伯尔小姐)利用故事Ⅰ和故事Ⅱ询问了大约150名6—12岁的日内瓦和坎顿的儿童。结果表明,年幼儿童倾向于权威,他们甚至认为给儿童下达的命令非常正确(不仅应该服从,而且服从命令的行动本身就是公正的,因为它与下达的命令相符);而年长儿童则倾向于平等,并且认为故事里所叙述的命令是不公正的。

资料来源:[瑞士]让·皮亚杰.儿童的道德判断.傅统先,陆有铨译.济南:山东教育出版社,1984.

第一时期:公正服从成人的权威(7—8岁)。这一时期的特征是,公正和不公正的概念还没有从责任和服从的观念中分化出来:任何与成人权威的命令一致便是公正。所以,在这一阶段,公正的东西总是混同于规则所强加的东西,而且规则完全是他律的,是由成人所强加的。

第二时期:平等主义逐渐发展时期(8—10岁)。即自律逐渐发展和平等优先于权威的时期。在这一时期,平等的规则居于至高无上的地位,在平等和权威发生冲突的情况下,平等首先受到关注。同时,在这一时期,儿童追求道德行为的动力是道德行为本身,而不受奖励和惩罚的影响。

第三时期:纯粹平等主义的公正由于考虑到公道而有所减轻(11—12岁)。在这一时期,儿童放弃了绝对的平等,除非在某一特殊的情况下,他们也不再考虑个人的同等权利。他们认为公正不再意味着所有的人都完全服从于同一个规则,而是要考虑到每一个人的情况(如照顾年幼者等)。总之,在这一阶段,平等比以前的情况更具有道德效力。

公正感实质是一种"高级的平等"。皮亚杰认为,儿童公正感的这种演变并不存在一些一般的阶段,而只存在一些表示某种有限过程的状态。

(四)总特征:从他律水平向自律水平转化

皮亚杰通过对儿童的规则意识,对行为责任的道德判断和公正感等问题的研究,认为儿童道德认知的发展是他律水平向自律水平转化的发展过程。他律指儿童的道德判断受他自身以外的价值标准所支配。即儿童的道德判断主要是根据外在的道德准则,如成人的命令或者规定,同时只注意行为的客观后果而不关心行为者主观的动机。自律是指儿童自觉地依照道德规范约束自己的言行，这是一种受儿童自己所具有的主观价值支配的道德判断。在这一时期，对行为责任的判断不仅仅关注行为的后果，而更倾向着眼于个体的主观意愿。概括地说，皮亚杰认为，儿童的道德判断发展大致经历三个阶段，如表 2-2 所示。

表 2-2　皮亚杰的道德认知发展阶段

阶　段	特　征
前道德阶段 （1—6 岁左右）	皮亚杰认为，5 岁左右幼儿以"自我中心"来考虑问题，对引起事情的原因只有朦胧的了解，其行为直接受行为结果支配。
他律阶段 （6—10 岁）	皮亚杰认为，6—10 岁儿童在道德判断上具有强烈地尊重规则的倾向。那些由警察、父母或者教师等权威人物制定的规则在儿童的心目中是神圣不可改变的，是每个人都必须遵从的。这一阶段的儿童处于他律道德阶段，具有以下几个特点：①儿童认为规则是不变的；②评定是非时，总是抱极端的态度，非好即坏，非善即恶；③判断行为好坏的根据是后果的严重性，而不考虑主观动机；④把惩罚看作是天意和报应，认为惩罚的目的是使过失者经受跟他所犯的错误相一致的遭遇，而不是把惩罚看作是改变人的行为的一种手段。
自律阶段 （10—12 岁）	皮亚杰认为 10—12 岁的儿童的道德判断进入了自律阶段。其主要特点包括：①儿童认为规则是由人们相互协商而制定的，因而可以依照人们的愿望加以改变；②根据行为的意图和后果来判断行为；③所提议的惩罚与所犯的错误更加相称。

儿童道德判断从他律水平向自律水平过渡，皮亚杰认为这主要是由于两方面原因造成的。一方面，由于儿童认识上的成熟逐步削弱了自我中心主义倾向；另一方面，由于儿童在同伴交往过程中建立了真正的社会交往和社会合作关系，使他们意识到双方处于平等地位，觉察到别人行为时的内心状态，使儿童逐步摆脱那种无意识的自我中心主义，从而顺利实现从他律水平向自律水平过渡。

二、科尔伯格的道德认知发展阶段论

科尔伯格是美国当代著名的心理学家和教育家，也是现代道德认知发展理论的创立者。他编写了一系列的道德两难故事，例如，欧洲有个妇女患了一种特殊的癌症，生命垂危。医生认为只有一种药能救她，就是本镇一个药剂师最近发明的镭。药剂师制造这种药要花很多钱，而他索价还要高出成本 10 倍。病妇的丈夫海因茨到处借钱，试过各种合法手段，只够药费的一半。海因茨不得已，只好告诉药剂师，说他的妻子快要死了，请求药剂师便宜一点卖给他，或允许他赊欠。但药剂师不答应他的请求。海因茨试过了一切合法手段，但他都失败了。于是他撬开了药店的门，为他妻子偷来了药。针对这一故事，科尔伯格设置了一些列问题,如海因茨应不应该偷药？为什么应该或不应该？借此他测试了十多个不同国家的大量 6、7 岁至 21 岁的被试,发现尽管种族、文化、社会规范等各方面都不相同,但道德判断能力随年龄发展而发展的趋势却是一致的。他认为个体的道德发展过程可以划分为三种水平,每种水平包括两个阶段,这就是著名的"三水平六阶段"模型。

视窗 2-3

道德两难故事

故事Ⅰ

　　欧洲有个妇女患了一种特殊的癌症,生命垂危。医生认为只有一种药能救她,就是本镇一个药剂师最近发明的镭。药剂师制造这种药要花很多钱,而他索价还要高出成本 10 倍。药剂师花了 400 美元制造镭,而一小剂药他竟然索价 4000 美元。病妇的丈夫海因茨到处借钱,试过各种合法手段,但他一共才借到 2000 美元,只够药费的一半。海因茨不得已,只好告诉药剂师,说他的妻子快要死了,请求药剂师便宜一点卖给他,或允许他赊欠。但药剂师说"不行！我发明这种药就是为了赚钱。"这样,海因茨试过了一切合法手段,但他都失败了。于是他撬开了药店的门,为他妻子偷来了药。

　　1. 海因茨应该偷药吗？（联系故事）

　　1′. 为什么应该或为什么不应该？

　　2. 海因茨偷药对还是错？

　　2′. 为什么对或错？

　　3.（如果被试赞成偷药,则再问）如果海因茨不爱他的妻子,他还应该偷药吗？

　　3′.（如果被试不赞成偷药,则再问）这与他爱不爱妻子有关系吗？

　　4. 假如这个生命垂危的病妇不是他的妻子而是陌生人呢？

　　5. 海因茨应该为这个陌生人偷药吗？

　　5′. 为什么应该或为什么不应该？（联系故事）

　　6. 人们做他们能挽救别人生命的事情是重要的吗？

　　6′. 为什么重要或为什么不重要？

　　7. 海因茨偷药违反了法律,偷药在道德上是错误的吗？

　　7′. 为什么是或为什么不是？

　　8. 一般来说,人应该尽力做遵守法律的事情吗？

8′. 为什么应该或为什么不应该?

8″. 这个问题如何运用到海因茨的行为上面?

故事Ⅱ

海因茨撬门进入药店,他偷了药,给妻子服用。第二天的报纸上就刊登了一则偷窃消息。布朗先生是一位警官,他认识海因茨。他想起曾经看见海因茨从药店跑出来,意识到偷药的人就是海因茨。布朗先生想他是否应该告发海因茨是盗贼?

1. 布朗警官应该告发海因茨偷药吗?

1′. 为什么应该或为什么不应该?(联系故事)

2. 假如布朗警官是海因茨的亲密朋友,他还应该告发吗?

2′. 为什么应该或为什么不应该?(联系故事)

故事Ⅲ

继续:布朗告发了海因茨,海因茨被捕,并被带到法庭。法庭组织了一个陪审团。陪审团的工作是检查一个人是有罪还是无罪。最后,陪审团认定海因茨有罪,法官判了海因茨罪行。

3. 法官是应该判海因茨罪行还是终止审判,释放海因茨?

3′. 哪种选择最好?为什么?(联系故事)

4. 从社会的观点来看,违反法律的人就应该受到惩罚吗?

4′. 为什么应该或为什么不应该?

4″. 这个问题怎样应用到法官对海因茨的判决上?

5. 海因茨偷药时是按其良心行事。不管一个违法者的行为是否出于良心,他都应该受到惩罚吗?

5′. 为什么应该或为什么不应该?

资料来源:郭本禹. 道德认识发展与道德教育——科尔伯格的理论与实践. 福州:福建教育出版社,1999.

(1)前习俗水平(0—9、10岁):处在这一水平的儿童,其道德观念的特点是纯外在的。他们为了免受惩罚或获得奖励而顺从权威人物规定的行为准则。根据行为的直接后果和自身的利害关系判断好坏是非。这一水平包括两个阶段。

第一阶段:惩罚与服从定向阶段。在这一阶段儿童根据行为的后果来判断行为是好是坏及严重程度,他们服从权威或规则只是为了避免惩罚,认为受赞扬的行为就是好的,受惩罚的行为就是坏的。他们还没有真正的道德概念。处在这一阶段的儿童对海因茨偷药的故事可能会作出这样两种不同的反应:其一认为可以偷药,因为他先提出请求,又不偷大的东西,不该受罚;其二,认为不能偷药,因为偷药会受到惩罚。

　　第二阶段:相对功利取向阶段。这一阶段的儿童道德价值来自对自己需要的满足,他们不再把规则看成是绝对的、固定不变的,评定行为的好坏主要看是否符合自己的利益。如他们对海因茨偷药的故事可能会有这样的说法:赞成偷药的儿童会说,他的妻子需要这种药,他需要同他的妻子共同生活;反对者则会说,他的妻子在他出狱前可能会死,因而对他没有好处。

　　科尔伯格认为,大多数 9、10 岁以下的儿童和许多犯罪的青少年在道德认识上都处于前习俗水平。

　　(2)习俗水平(9、10—14、15 岁):处在这一水平的儿童,能够着眼于社会的希望与要求,并以社会成员的角度思考道德问题,已经开始意识到个体的行为必须符合社会的准则,能够了解社会规范,并遵守和执行社会规范。规则已被内化,按规则行动被认为是正确的。习俗水平包括两个阶段。

　　第三阶段:寻求认可定向阶段,也称“好孩子”定向阶段。处在该阶段的儿童,个体的道德价值以人际关系的和谐为导向,顺从传统的要求,符合大家的意见,谋求大家的赞赏和认可。总是考虑到他人和社会对“好孩子”的要求,并总是尽量按这种要求去思考。他们认为好的行为是使人喜欢或被人赞赏的行为。这一阶段的儿童听了海因茨偷药的故事,赞成偷药的会说,他做的是好丈夫应做的事,是个“好人”;反对者则说,他这样做会给家庭带来苦恼和丧失名誉,不是一个“好人”。

　　第四阶段:遵守法规和秩序定向阶段。处于该阶段的儿童其道德价值以服从权威为导向,他们服从社会规范,遵守公共秩序,尊重法律的权威,以法制观念判断是非,知法懂法。认为准则和法律是维护社会秩序的。因此,应当无条件地遵循权威和有关规范去行动。该阶段的儿童听了海因茨偷药的故事,赞成偷药儿童会说,不这么做,他要为妻子的死负责;反对者会说,他要救妻子的命是应该的,但偷东西犯法,违反了法律规范,这是绝对不能做的。

　　科尔伯格认为大多数青少年和成人的道德认识处于习俗水平。

　　(3)后习俗水平(14、15 岁以后):又称原则水平,达到这一道德水平的人,其道德判断已超出世俗的法律与权威的标准,而是有了更普遍的认识,想到的是人类的正义和个人的尊严,并已将此内化为自己内部的道德命令。后习俗水平包括两个阶段。

　　第五阶段:社会契约定向阶段。处于这一水平阶段的人认为法律和规范是大家商定的,是一种社会契约。他们看重法律的效力,认为法律可以帮助人维持公正。但同时认为契约和法律的规定并不是绝对的,可以应大多数人的要求而改变。在强调按契约和法律的规定享受权利的同时,认识到个人应尽义务和责任的重要性。对于海因茨偷药的故事,赞成偷药者认为,法律没有考虑到这种情况，可以去偷；反对者认为，不论情况多么危险，总不能采用偷的手段，但可以采取其他的方法解决。

第六阶段：原则或良心定向阶段。这是进行道德判断的最高阶段，表现为能以公正、平等、尊严这些最一般的原则为标准进行思考。在根据自己选择的原则进行某些活动时，认为只要动机是好的，行为就是正确的。在这个阶段上，他们认为人类普遍的道义高于一切。对于海因茨偷药的故事，赞成偷药者认为，尊重生命、保存生命的原则高于一切，应该去偷；反对者认为，别人说不定也像他妻子一样急需这药，他偷了药，别人就买不到了，因此要综合考虑其他人的生命价值。

对于整个道德认知发展理论流派来讲，"如果说皮亚杰开创了从认知领域对道德发展研究的先河，科尔伯格则是继皮亚杰之后采用认知发展取向研究道德发展的最杰出代表。"[①]他们都从认知领域来研究人类的道德发展，认为"儿童道德的发展是整个认知发展的一部分，在本质与认知概念一样，是按同样的方式发展的"。[②]认为儿童的道德发展要经历几个不同的发展阶段，且每一个阶段都有其自身的特点，同时阶段的发展具有顺序性和不可跨越性，即不能跨越任何一个发展阶段而直接进入下一个阶段。他们还认为每个阶段的发展速度有快有慢，这主要是因为个体的道德发展水平与逻辑思维的发展以及儿童与社会环境的交往有关。现在，我们回头分析案例2-1，案例中不同年龄阶段的儿童因为处于道德认知发展的不同阶段，所以在捡到财物之后表现出不同的行为。根据科尔伯格的道德认知发展阶段理论，学龄前的儿童（0～6岁左右）处于前习俗水平的惩罚与服从定向阶段，认为道德的行为就是获得表扬，而不道德就是受到惩罚。所以这一阶段的儿童不管捡到金额大小都会交给"警察叔叔"；小学阶段的儿童（7—12岁）处于相对功利取向阶段和"好孩子"定向阶段，认为对自己有好处的行为就是道德的，或者能得到权威人物的表扬的行为就是道德的，所以，表现出对较小金额的钱会去买"冰糕"，较大金额的钱交给教师，因为小金额教师或家长不会太在乎，不上交不至于让自己受到批评；而大金额的钱不交则会受到教师（权威人物）批评，认为他们不是一个"好孩子"；而中学阶段的学生（13岁或14岁以上）处于后习俗水平，随着年龄的增长慢慢形成了自己的道德准则，对小金额的钱（一两元）表现出无所谓的态度，所以不去捡；而对大金额的钱则应该上交，因为这是一种拾金不昧的表现，符合他们自己的道德定律。因此，正是由于学生处于道德认知的不同发展阶段，所以对同一问题表现出不同行为。

---

①②　张治忠，马纯红.皮亚杰与科尔伯格道德发展理论比较.扬州大学学报，2009,9(1):71—75.

三、后科尔伯格道德认知观

科尔伯格提出道德认知发展阶段理论后,在世界各国产生了强烈的反响,得到普遍地接受和应用。他的贡献主要在于:开创了道德发展研究的新阶段,建立了较为完整的道德认知发展阶段的理论体系。当然科尔伯格的理论也存在一些缺陷而遭人质疑,如"过分强调理性因素的作用,忽视道德情感的作用;过于偏爱'硬阶段'模式,忽略思维方式之间的交替作用;过度依赖言语访谈,忽略意会知识和内隐加工;没有区分道德判断的认知方面和道德态度方面";①通过道德两难故事收集到的资料缺乏科学性和准确性;选取的被试主要为男性,缺乏代表性等等。因此,针对人们对科尔伯格的道德认知发展阶段理论的质疑和指责,一方面科尔伯格竭力地反驳某些批评;另一方面一些学者对其理论进行修正,并形成新科尔伯格理论。

(一)莱斯特:道德图式观

莱斯特(James Rest)认为科尔伯格的道德认知发展阶段理论过于绝对化,不存在绝对的阶段性。因此,他提出用"道德图式"代替"发展阶段"。"所谓道德图式是个体在社会学习中对知识、经验、习惯等进行加工而建构起来的道德知识结构,它直接影响着人们对外在环境的输入信息所进行的道德判断、道德评价和道德选择。道德图式在儿童的道德发展中起着过滤、解释、定向、整合作用。"②莱斯特将人类的道德发展概括为三种发展图式:个人利益图式(personal interest schema)、保持规范图式(maintaining norms schema)和后习俗图式(postconventional schema)。在个人利益图式中,个体已经开始从自身利益出发来考虑他人的需要,但是这种人与人的互惠关系只存在于个体与熟人之间。因此,个人利益图式关注的是个体能够得到什么或失去什么。这近似于科尔伯格理论的第二和第三阶段。在保持规范图式中,个人不仅开始考虑自身的利益得失,而且开始考虑如何与陌生人合作,并开始意识到社会规范的重要性和认识到需要运用社会规范来调节人与人之间的关系。这相当于科尔伯格道德认知发展阶段理论的第四阶段。

(二)吉利根:女性道德关怀取向

美国心理学家吉利根(Carol Gilligan)针对科尔伯格在研究中主要以男性为被试提出异议,并于20世纪70年代中后期,从女性主义视角提出关怀道德发展理论。在吉利根看来,现代西方社会谈论道德发生的几种理论模式普遍存在着一个共同的设计问题,即全都是以对男性的抽样研究作为理论建构的经验

---

① 杨韶刚.西方道德心理学的新发展.上海:上海教育出版社,2007:168—172.

② 郑航.道德教育中道德图式的建构.课程教材教法,2009(2):58—63.

基础,把男性的道德发展普遍化为人类的道德发展,并以此为标准衡量和说明女性的道德发展,这是不准确的。

吉利根通过研究发现人类社会一直存在着两种不同取向的伦理道德观:即公正取向的伦理道德观和关怀取向的伦理道德观。她运用科尔伯格的"道德两难故事法"进行研究时,除了得到与柯尔伯格相似的一类反应外,还发现了被试的另一类反应,即"公正"的道德取向和"关怀"的道德取向。为了科学地验证在个体道德发展中不仅存在着公正的取向,而且还存在着关怀的道德取向,吉利根与其合作者进行了一系列研究。研究发现,个体只存在公正和关怀两种道德取向,这两种道德取向分别与男女性别有关,且表现在个体的整个人生,表现在各种道德情境中。[①] 在道德概念和道德标准上,男性更注重诸如公平和尊重他人权利之类抽象而理智的原则,而女性则更倾向于关心和同情。

视窗 2-4

通过研究,吉利根认为女性道德发展大致经历以下几个发展阶段:

水平1　自我生存定向(orientation to individual survival)

自我是关心的唯一目标,自我生存的观念是最为重要的。只有当自己的需要之间发生冲突时,才会产生道德思维,道德是对自己强加的约束力

第一个过渡时期　从自私转向责任感

个体自己的愿望和个体对他人的责任感是相互矛盾的,即个体"将要"做和"应该"做之间存在冲突

水平2　善良即自我牺牲(goodness as self-sacrifice)

这是女性作为保护者和照顾者的角色在习俗水平上的观点,道德判断起源于社会规范和多数人的意见。此阶段出现了对他人的责任感,善良与自我牺牲被认为是等同的,并与关心他人的需要相结合

第二个过渡时期　从善良转向真实

女性开始认识到道德意味着既要关心他人,又要关心自己。女性试图同时考虑自己与他人的需要,对他人负责而使自己"善良",对自己负责而使自己"诚实"和"真实"

水平3　非暴力道德(the morality of nonviolence)

个体利用非暴力原则解决自私和对他人责任之间的冲突。自己

---

① 岑国祯.吉利根对道德认知发展理论的修正.心理科学,1992(4):31—35.

与他人之间的道德平等要通过平等地运用避免伤害的原则而获得,关心成为普遍的义务

　　资料来源:陈琦,刘儒德.教育心理学,北京:高等教育出版社,2005:346.

　　(三)特里尔:道德场域论

　　道德认知发展理论是建构在个体与社会相互作用的基础之上。皮亚杰强调个体与社会之间的相互作用,但同时他认为,"社会因素或人际互动之间的因素对于儿童个体的发展仅能产生一些间接的影响"[①]。科尔伯格对于皮亚杰的这种建构观点做了一些拓展。他认为社会因素对于个体道德建构有直接的影响并参与到了个体的心理建构。特里尔(Turiel,E)的道德理论走向更加广阔的社会文化背景。从他的领域建构观点来看,个体优先接触到社会环境中大量而又直接的事件和刺激,这些事件和刺激以其不同的性质影响了个体,因此个体与外界的相互作用就体现为个体主动建构不同领域的知识或事件的概念上。[②] 个体与社会的相互作用更取决于事件或规则本身的结构,个体的经验是相应领域内建构起来的,而不是普遍意义上的建构,就如同个体面对化学问题和经济学问题时,会在不同的学科内建构知识经验一样。

　　领域理论强调,个体对于不同领域的规则和事件存在着不同的推理过程。道德领域、习俗领域和个人领域是特里尔的领域理论业已界定的三大领域。[③]特里尔认为儿童在很小的时候就可以区分道德领域和习俗领域,个体对于道德领域的判断更看重事件本身的性质,而排除来自权威的控制。在理想的道德领域中,个体对于权威并不见得会屈从,即使上帝让他去杀人,他也会拒绝的,因此,特里尔认为在道德领域根本不存在所谓的"他律","他律"是存在于习俗领域或者混合领域的习俗成分之中。但同时,特里尔也指出,在现实生活中,要想严格地区分道德领域和习俗领域很难做到,因此,自律道德实质上存在于道德领域和混合领域事件的道德成分之中。

第二节　学生道德认知发展的年龄特征

　　儿童道德的认知发展特点在很大程度上受到一个地区社会经济、政治和文化等因素的影响。我国正处在社会发展的转型期,社会的政治、经济等方面发

---

　　① 麻彦坤,叶浩生.差异与互补:皮亚杰与维果茨基认知发观比较的新思考.心理科学,2004(6):1426—1427.

　　② 任强,郑信,军胡瑜.继承与超越:道德认知发展研究的演变.心理研究,2008,1(5):17—21.

　　③ Nucei,L. Education in the Moral Domain. New York:Cambridge University Press,2001.

生着深刻的变革,在这样的背景下,与西方国家相比,我国青少年学生的道德认知发展表现出自己的特点。

一、小学生道德认知发展特点

道德认知在品德形成发展中具有重要作用。它是道德情感、道德行为的基础,是在教育的影响下,通过个人道德实践逐步发展起来的。按照发展心理学的观点,小学阶段是指 6、7 岁~11、12 岁阶段的童年时期。在这一阶段,儿童进入小学,学习成为他们的主导活动。随着年龄的增长,小学生的独立性不断增强,同时随着其认知能力和抽象逻辑思维能力的发展,他们在道德认知方面得到不断发展。总的来说,在道德认知发展方面的特点主要有:首先,对道德知识的理解,从比较肤浅、表面的理解逐步过渡到比较准确的、本质的理解。但是整个小学阶段,这种理解的具体性大,概括性较差。其次,在道德品质的判断方面,小学生从只是注意行为的效果过渡到比较全面地考虑动机和效果的统一关系。再次,在道德原则的掌握上,从简单依赖于社会的、他人的规则,逐步过渡到受内心的道德原则制约。①

（一）道德知识的理解:肤浅且不全面

小学低年级儿童初步掌握了一些抽象的道德概念和道德判断,但是他们的理解常常是肤浅的、表面的,具体性很大,概括水平很差。有人研究了学龄初期和学龄中期儿童关于道德概念的理解,研究者指出:学龄初期,甚至学龄中期的儿童,对于道德概念的理解往往是不精确、不全面的。例如,他们还不能正确地区别勇敢和胆怯,他们把一个虽然感到恐惧却能做出勇敢举动的儿童的行为,看作胆怯的行为。在他们看来,勇敢就是什么也不怕,一个儿童虽然能够克服自己的恐惧而做出勇敢的行为,也算不得是勇敢的。许多小学教师的经验也证明:儿童常常把"谨慎"和"胆小"混同起来。把"勇敢"、"英雄行为"和"冒险"、"鲁莽"混同起来。例如,他们认为在危险的高墙上走,就是勇敢。在教师看不见的时候,作出一些不守规则的行为,就是英雄行为。

（二）道德品质的评价:关注结果

小学儿童由于对道德知识的理解不精确、不全面,在道德评价上,常常有很大的片面性,主观性。关于儿童道德评价的研究指出:儿童常常对同一举动而后果不同的行为,给予不同的评价。例如,有些儿童对一个想帮助母亲收拾餐具,但因动作不灵而打破了菜盘的儿童作了否定的评价。

有研究者对小学儿童道德判断能力的发展进行研究,指出:在我国的教育

---

① 参阅:朱智贤.儿童心理学.北京:人民教育出版社,1981:381—385.

条件下,儿童在小学四、五年级期间,对道德准则的理解已经可能达到较好的水平。

一般来说,小学低年级,甚至中年级儿童,在评价道德行为的时候,主要是根据行为的效果,主要是看这种行为是否和预期的效果相一致(如遵守某种规则,完成某种作业)。在教育的影响下,大约到了高年级的时候,儿童评价道德行为才逐渐注意到行为的动机,并把动机和效果结合起来考虑。例如,他们开始能对于出于无心而犯了过错的同学,表示一种责备、惋惜、同情和谅解的复杂心情。

(三)道德判断:具有很强的情境性

总的看来,在小学阶段随着年级的增长,学生的道德判断能力水平不断地由低向高发展。并且小学五年级至小学六年级为道德判断能力发展的加速时期,小学六年级至初一年级为转折期。同时研究发现,民族、地区等外部因素对小学生的道德判断能力的发展没有明显的影响,道德判断能力的发展更多的是取决于学生自身身心发展等主观因素的影响。[1]

小学儿童在很多情况下,判断道德行为还不能以道德原则为依据,而常常受外部的、具体的情境所制约。如小学儿童评价文学作品中人物的行为,还具有很大的情境性质,不能按道德原则来评价。因而他们对同一人物可以在不同的地方作出不同的评价,有时取决于他们的印象的强烈性,有时取决于某些品质是在什么情境中表现的。

二、初中生道德认知发展特点

一般来说道德认知的发展包括对道德规范的理解,道德判断能力的产生和道德评价及其能力的发展。中学时的情绪冲动和游戏色彩会逐渐减少,被较为自觉的意识所代替,而且开始意识到对于他人、集体和社会的责任。同时,他们期望在人际交往和各种活动中表现出自身的力量和作用,于是他们开始主动了解自己的精神世界和他人的思想品质,并自觉地进行评价。概括地说,这一阶段的中学生道德认知发展主要呈现出以下特点:

(一)道德概念的理解:初步揭示实质

少年时期的思维表现为抽象思维逐渐占主导地位,其中尤以形式逻辑思维最具优势。就是说,少年时期的初中生能够对事物做出概括、间接的反映,但反映的深刻性、灵活性和全面性不够。反映在对道德概念的掌握上,有研究者以

---

① 彭蕾.中小学生道德判断与道德行为的发展现状及两者的相关研究.硕士学位论文.云南师范大学,2004.

中小学生为被试,对三种行为规范 12 个概念的理解水平进行了测试。研究发现,①从小学五年级到初中二年级,学生对这些概念的理解随年龄的增长而提高;初二以后到高一,发展趋势逐渐不显著。在初二时,学生对"对己""对人""对社会"三种概念基本都能理解,但认识不够深刻。另一项研究(林崇德)调查了青少年的道德知识水平。结果也发现初二上学期的学生对于道德知识的理解大多停留在现象上,而到了初三学期时,初中生就能初步揭示实质。此外,这项研究还表明,初中生道德思维的发展存在个别差异,而且是一个逐渐发展的过程。

陈会昌教授研究了 7—16 岁儿童青少年责任心的发展,从另一个侧面揭示了初中生道德认知的发展。陈会昌教授认为,责任心是一种集认知、情感、态度于一身的品德特征,它不仅指人们面临责任时产生的特殊道德情感,还包括对责任的理解与认知以及相应的行为。10—14 岁的学生对责任的理解还处在半理解水平,这可能是由于外力的强制作用和个人对责任的理解相结合的产物。到 14 岁时,学生已经表现出向原则性理解水平过渡的发展状态,表明初中末期学生已经开始考虑不负责任行为的直接后果。②

近来我国学者的研究表明③,当今初中生对道德规范的理解正确程度较高,而且比过去有所进步。如 2004 年我国初中生在法制和纪律、人类与环境、礼貌和情谊等指标的平均值均比 1998 年高;在理财与生活、国家与社会、人生和爱心三项指标上的均值比 1998 年也有所上升。但是,初中生在道理上能够理解这些道德规范,情感的深刻性和稳定性却还不够,缺乏应有的责任心和正义感。

(二)道德评价能力的发展:具备抽象概括能力

道德评价是指行为主体依据一定的道德标准对自己或他人的行为、品质和行为意向所做出的善恶判断。初二学生的道德评价能力主要表现为:具备了初步的抽象概括能力,但肯定评价的发展水平要高于否定评价的发展水平。这说明少年期学生的道德评价还常常是以自我为中心的。另有研究表明,我国儿童从 11 岁起,就能从动机和效果这两个方面对道德行为进行评价,能初步运用道德原则评价别人的言行。12 岁时,能比较深刻地运用道德原则进行评价,能抓住别人言行中一些本质的东西,并且运用社会道德原则来进行衡量。但是,在对自己进行道德评价时,却表现出一定的自我中心性,不能全面正确地认识

---

① 李怀美.天津市中小学道德认知发展的调查研究.天津师大学报,1986(5):19—23.

② 陈会昌.7—16 岁儿童责任观念的发展.发展心理学教育论文选.北京:北京师范大学出版社,1985:255.

③ 骆风.广东省中小学生品德发展状况调查报告.见刘小敏.广东社会与人口发展蓝皮书.广州:广东经济出版社,2005.

自己。①

也有研究者(李怀美)对中小学生的道德评价进行了调查,研究发现,初二学生的道德评价能力与小学五年级相比,有了显著的提高,他们具备了抽象的概括能力。另有研究者通过调查 325 名中学生,发现在中学阶段,学生的道德评价能力基本上能透过道德现象揭示其内在本质,但是在深刻性上还有待进一步提高;同时相同年级学生在道德评价中透过直观形象揭露内在品质的水平存在着明显的个别差异。②

(三)道德判断的发展:主要处于习俗水平

道德判断是指个人运用已有的道德概念和道德认知,对道德现象进行分析、鉴别、评价和选择的心理过程。③ 有研究者运用科尔伯格的方法调查了我国青少年学生的道德判断发展状况。④ 研究发现,初中阶段(13 岁)学生的道德判断主要处于第二水平(习俗水平),占了 45.4%,而处于第一和第六阶段的人都极少,只有 1.7%。但是随着年龄的增长,到了 16 岁时,学生的道德判断则主要处于第三水平,尤其是第五阶段的多,占了 50.8%;处于第一和第二水平的人相对于 13 岁时大大减少。

还有的研究以测验"义务"、"荣誉"、"良心"、"幸福"等四个道德范畴的所获得的总平均分为指标。初二学生在进行道德判断时,无论是针对皮亚杰运用的对偶故事,还是针对科尔伯格开创的两难故事,他们基本上都能运用道德规范进行判断。与小学五年级学生相比,初二学生的道德判断水平有显著提高,年级间发展水平差异显著。但是各年级学生对不同范畴的两难道德判断的发展水平很不一致,除荣誉及幸福两范畴的发展水平比较正常外,义务及良心两范畴的发展趋势出现异常。义务范畴各年级得分普遍偏低,最为突出的是良心范畴的得分则是随着年级增高而逐渐下降。⑤

三、高中生道德认知发展特点

高中时期学生的学习内容不断复杂和深入,与社会交往的范围不断拓展,程度不断加深;同时高中生的思维能力迅速发展,形式逻辑思维处于优势地位,辩证逻辑思维也快速发展。这对高中生的道德认知产生了很大影响,从而导致了高中生的道德认知发展出现了一些新的特点:对不同类型的道德概念理解水

① 黄煜峰,雷雳.初中生心理学.杭州:浙江教育出版社,1993:259—260.
② 陈俊荣.学生道德评价水平的调查.上海教育科研,1990(3):54—56.
③ 杨韶刚.道德教育心理学.上海:上海教育出版社,2007:103.
④ 黄建华.我国青少年学生的道德认知发展研究报告.教育研究,1983(10).
⑤ 李怀美.天津市中小学道德认知发展的调查研究.天津师大学报,1986(5):19—23.

平呈现差异性;道德判断水平和道德评价能力之间呈现不平衡性。[①]

(一)道德知识的掌握在形式上更加概括、抽象,在内容上更加深刻

高中生对概念的掌握已达到或接近本质定义的水平,尤其是在对社会概念、哲学概念和科学概念的掌握上表现得非常明显。这就为他们正确地理解和掌握道德行为准则的本质奠定了基本的思维基础。具体地说,高中生对道德知识的掌握在形式上更加概括、抽象,在内容上更加深刻。20世纪90年代初,我国心理学家所做的一项研究发现,高中生对道德知识的理解水平已经达到对"道德行为规范与道德准则的本质"的掌握。但是,由于思维水平差异的存在,高中生对道德知识的掌握还存在水平差异,例如,对社会集体道德概念的理解水平较高,对他人方面的道德概念的理解水平次之。这可能与学生道德思维发展水平存在差异有关,也与我们的教育过分注重应试教育、相对忽视对学生本身的现实道德教育有关。另外,家庭和社会环境也是一个重要的影响因素。

(二)道德判断水平与道德评价能力之间具有不平衡性

我国学者研究发现:大部分高中生的道德判断水平处在第五阶段;根据我国高中生道德判断的特点,可以把这个阶段命名为"以自身的责任感和利害关系为前提的服从阶段";但是,道德概念的理解与道德判断的发展之间的相关程度较小,两者不是同步发展的,例如高中生道德观念的平均理解水平比初中生要高,但高一学生的道德判断水平却不如初中生;高中生常常把主观因素看作是主要的,而把客观因素看作是次要的。

一些研究还发现,高中生道德评价能力受他们自我意识的分化和思维发展水平的影响,主要表现为以下特征:[②](1)近半数以上(51.0%)的高中生能对具体问题进行具体分析,也常对自己的道德品质进行评价和分析。社会心理学家时蓉华教授的研究认为,大部分高中生(67.2%)对优秀道德品质的自我评价高于小组同学对他们的评价,而且男生明显高于女生。另近半数(49.2%)的高中生能够通过现象揭示道德行为的本质,并且从行为动机与效果统一来进行评价;(2)大部分高中生(72.3%)能分清主次地对行为进行一分为二的评价;(3)另外,高中生对不良品质的否定强于对优秀品质的肯定。刘守旗的研究认为,高二学生的自我评价能力低于初三学生,表明高中学生的自我评价能力有待进一步培养。

---

①② 杨韶刚.道德教育心理学.上海:上海教育出版社,2007:120—121.

第三节　促进道德认知发展的方法

认知是情感的基础,行为的先导,没有正确的道德认识就难以形成正确的道德观念,并作出合理的道德判断。因此,在道德教育过程中,教师应该让学生先掌握"关于道德的观念",即"关于诚实、纯洁或善良的见解",[①]只有在获得"关于道德的观念"之后才能形成稳固的"道德观念"。所以,进行道德教育时必须提高学生的道德认知能力。在具体的实践过程中,可以通过摆事实,讲道理的方式提高学生的道德认知。

一、明理:辨明是非

苏格拉底认为,"智慧即德行"。因此,在苏格拉底看来,知识和美德是一回事。他认为,一个人为善或为恶,并不取决于其本性,而是决定于人的知识。正确的行为基于正确的判断,一个人知道了善就会去行善;若一个人求善却得恶,这完全是因为他不知道那方面的知识,自以为是善的,其实是恶的,故行不善之事,因为没有人会明知故犯。因此,道德教育过程中,应先教人智慧,教人辨别是非、善恶,以便正确地行事。

（一）以智育知:讲授法

案例 2-2

教师如是说:"诚实守信不能丢"

"同学们,我们生活的这个世界处处弥漫着尔虞我诈,中华民族的传统美德消失殆尽了! 这真是令人痛心疾首呢! 看各种虚假广告铺天盖地,各种伪劣产品屡禁不止,各种坑蒙拐骗案件层出不穷! 同学们,看我们的社会都变成了什么样子了! 作为一个有良知的中国人,我们应该努力改变这种现状,从自己做起,自觉做到诚实守信。"

"同学们,诚实守信是一个人的立身之本,是人立足社会中应具备的起码的道德。看看我们的国母宋庆龄先生在面临各种困境时,是如何做到诚实守信的。有一天,宋庆龄女士告诉幼儿园的小朋友要到幼儿园去看望他们,幼儿园的小朋友听了都很高兴,都等着宋奶奶的到来。可是天有不测风云,突然,原来晴朗的天空突然刮起了大风,霎时

---

① 杜威著.道德教育原理.王承绪等译.杭州:浙江教育出版社,2003:8.

间，飞沙走石，路上的行人都睁不开眼，大家议论，宋奶奶可能不会来。正在这个时候，宋奶奶不顾漫天风沙，满脸笑容地走下汽车，来到孩子们中间，一位老师感动地说：'天气不好，您就改天再来吧！'宋奶奶说：'不，我不能失信，应当遵守诺言。'同学们都听到了，面对这么细小的事情，我们的国母尚且如此，我们有什么理由不自觉做到诚实守信呢！"

"同学们，诚实守信是一种美德，诚信是做人的一种品质，是职业道德的根本，是个人成就事业的根基。作为新时代的青少年，在学好文化知识的同时，还应培养诚实守信的思想品质。诚实的意义和价值并不是别人对你形成的看法，并不在于别人说你是不是个诚实的人，最重要的是：诚实是我们做人的第一要素。做人诚实是要对得起自己，对得起别人，对得起天地良心，这就是诚实的价值。要想做到诚信，就要从生活中每件点点滴滴的小事做起。希望同学们能牢记这一点，在今后的学习生活中，处处做到诚信，为将来的人生道路打下坚实的基础。最后送同学们几句话与大家共勉：诚信是火焰，给人希望，给人温暖；诚信是明镜，给人准则，给人借鉴。同学们，请记住：诚信无价！让我们从自己做起，从现在做起，从身边的每件小事做起，做一个诚实守信的好公民！"

教师通过讲授的方式向学生传达了为什么要自觉遵守诚实守信的道德规范，以及如何成为一名诚实守信的好公民。通过讲授法可以提高学生对道德行为（诚实守信）的认识，增强道德情感，从而提高学生的道德水平。讲授法是教师用简明、生动的语言向学生系统地传授道德知识的教育方法。道德教育中的讲授法是一种以语言传递信息为主的方法，主要运用于道德科目的教学形式中。

讲授法广泛运用于道德教育之中。讲授法的最大优势就在于它能够在最短时间内向学生呈现、介绍大量和系统的信息，既经济又可靠。教师合乎逻辑的分析与论证有利于学生思维能力的提高和价值观念、信念的养成。然而，由于在教学过程中，有些教师无法很好地利用讲授法，出现满堂灌的僵死局面，从而导致学生无法主动参与教育过程，做出反馈，产生互动，学生的积极性和主动性不容易发挥。运用讲授法应注意扬长避短，具体来说应该注意：[①]

第一，注意内容的组织。由于讲授法是以教师的"讲"为基本方式进行的，所以，必须对所讲授的内容作较为周密的安排，使之具有科学性、系统性和逻辑

① 檀传宝.学校道德教育原理(第二版).北京:教育科学出版社,2003:154.

性。做到知识性、思想性和趣味性的统一。

第二，注意启发学生。由于讲授法以教师的活动为主导，所以要特别注意启发式教学原则的运用。应当适时提出问题，引导学生思考，并努力使教师的解释、分析和推论成为学生的接受、分析与推演的同步过程。

第三，注意语言艺术。讲授既以语言为主要媒介，所以教师应特别注意语言美的创造，力求清晰、准确、简练、形象生动和条理清晰。讲授的声音在音调、语调和语速上都要注意合理设计，抑扬顿挫，有一定的节奏性。讲授还应注意肢体语言的运用。只有把口头语言和肢体语言相配合，才能提高讲授的感染力。

（二）以导育知：谈话法

案例 2-3

犯错误，做好事①

学生犯了错误，便做一件好事，也有利于纠正错误。这种方式受到较多同学的欢迎。班规班法有的条文规定：如果当天检查作业，昨天的作业没完成，就要擦一个窗户的两层玻璃，共 24 块玻璃，10 扇窗户框；忘了带桌罩，除了回家去取之外，还要到水房为班级打一桶水。早自习如果迟到了就要扫操场 30 分钟……学生普遍欢迎这种纠正错误的方式。

有位同学跟我说过这样的事。

"老师，跟您商量件事行吗？"

"那要看什么事了。"

"我们邻居那位叔叔出差了。"

"这跟我有什么关系？"我说。

"跟您没关系，跟我有关系呀。他家里只剩了老奶奶，这样，我做好事的机会就有了。"

"那你就多帮老奶奶做点好事吧！"

"我有个想法，不知该不该说。"他支支吾吾地。

"直截了当地说，别吞吞吐吐。"

"我做的这些好事，能不能记在班级的好人好事登记本上？"

"老师觉得记上可以，不记也行，既然你愿意记，那就记上吧。"

① 魏书生.班主任工作漫谈——献给青年班主任.桂林：漓江出版社，2005：233.

他还不走，似还有话想说，脸憋得红红的，不好意思说出来。

我便鼓励他："你一定还有心里话要说，别不好意思，咱们商量商量，说出来怕什么？"

"我想这些天，多为老奶奶做好事，挑大一些的记在班级的登记本上，等到以后，我再犯错误的时候，就不让我写说明书了，用这些好事来代替了，不知道行不行？"

"你这是拿班级的好人好事登记本当银行的存折了，钱多的时候存起来，急需的时候，再取出来花。"

他笑了，还问："行不行呢？"

我没轻易说行或者不行，而是讲了为什么要用做好事这种形式来纠正错误。人犯错误的时候，心里都有过斗争，做还是不做呢？话是说还是不说呢？这一仗打还是不打呢？作业完成还是不完成呢？公物是爱护还是破坏呢？对别人帮助还是拆台呢？……斗争之后，脑子里对自己不负责任的那一方、自私的那一方、狭隘的那一方、懒惰拖拉的那一方获胜了，于是指挥着自己犯了错误，这如同在心灵的原野上，涌出一股肮脏的浊流，污染了一部分心灵的田野。这时一般人都有一种懊悔感，一种负疚感，一种痛苦感，有的还有恐惧感，但又想不出办法来控制。人在做好事的时候，一般都是积极、昂扬、上进、助人、善良、真诚、勤奋、果断的那一方脑细胞指挥自己行动。这便如同心灵的原野上涌出一股清清的泉水，这清水便可冲刷受污染的那片心田，使人重新恢复自尊、自信、自豪，重新感觉踏实、安全、幸福、快乐。你以前做了好事，便是以前清清的泉水在心田上流过，后来又犯了错误，心田上受到浊水的污染，不及时开挖清泉去冲刷污染，却招呼昨天流过的清泉回来，能起到冲刷污染的作用吗？能及时纠正错误吗？

他听了，点点头："老师说得对，我不要求拿现在做的好事去抵消以后的犯错了。"

"那么，好事还做不做？"

"哪能不做呢。"

上述案例就是教师运用谈话法，帮助学生提高认识，改正错误。谈话法又称问答法，是以师生口头交谈的方式进行价值引导的教育方法。

谈话是提高学生思想认识，帮助学生形成正确的思想道德观念的重要方法。谈话也有多种方式，如集体谈话和个别谈话。谈话的优点是教师与学生面对面进行语言交流，情真意切，容易打动、感染学生，而且可以根据需要，随时进行内容和方式的调整。因此，在运用谈话过程中，教师一定要做好准备，明确谈话的目的和内容,一般说来,谈话题目要小,一次一个问题,力求讲清楚,使学生听懂。还要仔细了解学生对这一问题的看法,使谈话内容能切合学生的年龄特点,一般说来,对小学生谈话要多结合实际,做到生动形象;而对中学生谈话则要充分说理,富有逻辑力量。最后还要注意谈话时的语气和神态,以及谈话内容和谈话地点的选择,以便创造一种融洽的氛围,以保证谈话能取得良好的效果。运用谈话法要注意以下几个方面:①

第一,要有针对性。要从学生的思想实际出发,进行说服教育,防止"假大空";要适应学生的年龄特征和认识水平,防止成人化、仪式化;要结合事件,防止脱离社会实际,特别要注意分析学生面临的新情况和新问题。

第二,要有感染力。通情才能达礼。以理服人,以情动人,情理交融才能达到谈话的效果。这就要求说理生动、亲切、具体和形象,并在态度上充满热情。这样才能打动学生,激起情感的共鸣,将认识转化为信念,从而自觉指导实践。

第三,要有民主性。要鼓励学生敞开心扉,讲出心里话,允许发表不同的意见和保留看法,要以商讨、讨论和交换意见等形式进行谈话,尊重学生人格。

二、习行:检验认知

唯物辩证法认为,人类对事物的认识需要经历"实践—认识—实践"的过程。同理,在道德教育过程中,学生获得道德认识之后需要回到实践,检验已经获得的道德认识,即习行的过程。我国清代著名教育家颜元非常强调"习行"在知识获得过程中的作用。他强调在教学过程中要联系实际,要坚持练习和躬行实践,惟有如此,学得的知识才是真正有用的,否则,不和自己的躬行实践相结合的知识是无用的。同理,只有在真实的道德情境中,通过实践检验才能清楚学生是否真正地内化了道德知识。

（一）以境育知:新苏格拉底法

案例 2-4

洪生叔叔应该救英子吗

那是在 1991 年的夏季,江淮大地暴雨成灾,洪水横流,淮河多处出现险情,少数河段决堤,不少地方为保护国家更大利益而开闸泄洪,

---

① 檀传宝.德育与班级管理.北京:高等教育出版社,2007:114.

一些来不及转移的村民只能在洪水中无助地求生。

安徽阜阳颍上的一户人家在淮河决堤时,全家逃亡,大水已经把全家人冲散,这家的男主人洪生拼命地徒手划着水,在茫茫的洪水中寻找着亲人,好不容易找到自己的女儿小红,女儿已经精疲力竭,洪生一手紧紧抓着女儿的胳膊,一手拼命地划水,半个小时后,他们靠近了一座桥梁,他们要上岸必须经过这个险关——洪闸附近,这也是最危险的地方,弄得不好要被洪水卷进洪闸,生存的希望将十分渺茫,但是再险也得闯过去,于是洪生带着女儿小红游到洪闸的正前方,洪水的回流及强大的吸力差点把父女俩拉了进去。

刚刚摆脱了激流的吸力,突然上游漂过来一个人——洪生的邻居女孩英子,英子看到洪生父女,出于求生的本能,一把抓住了洪生的衣服,顿时,洪生觉得一股强大的力量把他们拉向洪闸,洪生使出吃奶的力气也摆脱不了三人被冲向闸口的势头。洪生头脑还算清醒,他知道,他只有丢下一个人,才能生存下去,他回头看了看依他而活的女儿和英子,看到女儿和英子那在洪水中变得浑浊但可怜的目光,心里十分难受,时间一秒一秒地过去,生存的希望越来越渺小,容不得多想了,这时洪生采取了一个非常的举动——他用力掰开英子紧紧拉着自己的那只手,奋力向岸边划去,可怜英子像一片树叶一样被卷向洪闸口……

洪水退去了,洪生一家和村民们都被安置在临时的帐篷里,洪生整天郁郁寡欢,像做了见不得人的事,他也知道英子没有死,她是被一根电线挂住了,后来得救的。一天他偶然看到英子,他脸一下子红了,英子上前叫他一声"洪生叔",他惭愧地低下了头……

问题:

1.如果你是洪生,处于当时的情况下你会怎么做?洪生这样做该不该?

2.如果洪生当时背负的是自己的两个女儿,他又将如何选择?

3.如果洪生放弃自己的女儿而只救下英子,洪生的其他家人会怎么看?

4.如果英子因为洪生的"狠心"放弃而死亡,洪生会有怎样的感受?英子的家人会怪罪于洪生吗?

5.如果你是英子,你会自动放弃生命,把生的希望留给洪生父女吗?

6.如果你是英子,你会怪罪洪生的"见死不救"吗?

7. 小红会不会为了救父亲而主动放手?

8. 如果你是小红,你会感激父亲还是怨恨父亲?

9. 如果洪生不放弃任何人而导致三人死亡,英子的家人会有负疚感吗?

10. 乡亲们知道洪生的做法后,会怎么对待洪生?

大家如果有兴趣的话请试着回答这些问题。

在教学过程中,教师向学生提出案例后面的问题,学生以小组或者全班为单位,围绕这些问题各抒己见,这就是道德讨论策略。道德讨论策略(Moral discussion strategy)是科尔伯格提出的学校道德教育干预策略,其基本方法是通过教师引导学生讨论道德两难问题,引起学生的道德认知冲突,激发学生进行积极的道德思考以促进学生的道德判断水平的提高。因为这种道德讨论类似于古希腊苏格拉底的对话式教学,所以科尔伯格又称它为"新苏格拉底模式"(a Neo-Socratic model)。同时这种讨论策略主要是在课堂中进行的,故也称"课堂道德讨论模式"。①

教师在运用道德讨论方法引起学生的道德认知冲突时应该做到用一定的道德问题或情境引出学生的各种道德观点,为他们提供相互交往和角色承担的机会。学生道德认知上的冲突是以他们与他人相互作用并意识到他人不同观点的存在为条件的。学生只有在面临冲突的情景时,才能意识到他人有不同的想法,感到自己原先的观点、推理与别人不同,似乎自己的观点不怎么适当,理由不充分,判断站不住脚,从而在心理上失去原有的平衡,产生道德认知上的冲突。当然,这种冲突状态并不是引起学生情绪上的烦乱或骚动以及损害性的焦虑或压抑,而是使学生在面临既有趣又引人深思的问题时产生困惑而好奇,要去积极思索和探讨的心理状态。同时教师用于引发学生道德认知冲突的较高阶段的观点和论据必须与学生现有的发展水平相配。

实施道德讨论策略的具体程序,一般包括五个渐进和循环的步骤:②

第一步:通过测验进行分组。运用道德判断测量方法,测评学生的道德判断发展阶段,在对阶段测评的基础上,把学生分成适宜的讨论小组。分组的原则是:(1)每组学生分属 2 或 3 个连续的优势阶段。(2)组内每个阶段的学生人数要大致相等。(3)每组学生人数以 8—12 人为宜。(4)避免把年龄相差较大的学生放在一组。

第二步:选择和准备道德两难故事。道德两难故事是道德讨论的内容或

---

① ② 郭本禹.道德认识发展与道德教育——科尔伯格的理论与实践.福州:福建教育出版社,1999:186,190—194.

材料,它们在道德教育中起着重要的作用。道德两难故事有三种:第一种是根据假设情境编写的两难故事,如海因茨与药的故事;第二种是根据某一学科内容编写的两难故事,如二战中美国决定是否使用原子弹问题;第三种根据学生现实生活中的道德问题编写的两难故事,如好朋友考试作弊是否应该报告老师。

第三步:形成讨论的正确导向。在引导学生开始讨论之前,必须使学生对即将进行的讨论活动形成正确的心理准备状态,即对讨论有正确的期待和理解。包括向学生解释讨论所依据的原理和目的;解释学生在小组和小组讨论中的作用;向学生说明教师在讨论中的作用以及向学生解释讨论小组的行为和参与规则。

第四步:引导学生讨论。这是整个程序最重要的一步骤,将这一步骤分为两个阶段,讨论开始阶段和深入讨论阶段。讨论开始阶段教师要向学生朗读道德两难故事,教师在陈述两难故事时要突出其中的道德问题,帮助学生比较两难故事内部的道德成分,并提出"为什么"的问题,引导学生说出自己的选择和判断的根据,同时要鼓励持不同观点和论据的学生相互讨论。在深入讨论阶段,教师要按阶段顺序,引导阶段相邻的学生就他们的观点进行讨论,使较低阶段的学生体验到比自己高一个阶段的道德认知冲突,发现自己推理中不适当之处和较高阶段的推理方式的较大的合理性,从而促进其道德判断沿着阶段顺序向上发展。

第五步:讨论的中止或扩展

一旦小组成员按阶段讨论了一个道德两难故事的所有论点,产生了道德认知冲突体验之后,这次讨论活动或可宣布暂时结束,或可转入另一道德两难故事的讨论。

(二)以行验知:生活体验法

案例 2-5

捡到手机之后

国庆放假了,我和往常一样上了回家的汽车。自己从没想过这个假期会与以往有什么不一样,所以上了车之后,随便找了一个位置就坐下来。等发车的时候,我环视了下四周,发现今天车上的人特别多,座位上坐满了人。

一个多小时过去了,汽车驶到了我们的县城,慢慢地有人陆续地下了车。到汽车站的时候,我继续坐在座位上,让其他人都先下车,因为在我的心里，自认为是一个比较"道德"的人，在任何情况下都会严格遵守各种道德规范，比如诚实守信，拾金不昧等等，当然"礼让"也不例外。等其他人都走到我前面之后，我站起来离开座位，当我站起来的时候，发现斜对面的座位下有一个黑乎乎的小东西，定眼一看，原来是一个手机。这时我心理怦怦直跳，快速地走过去，以迅雷不及掩耳之势把手机捡起来，放进口袋里，并快速地走出车站。当我走在街上的时候，心理慢慢平静下来，心想"这手机是谁丢的呢？要不要还给他呢？""应该还给他！我可是一个'文明'的、'道德'的人。""这可是一个手机呢！不正是自己梦寐以求的东西吗？这是捡的又不是偷的，先留着没关系。再说只要我不关机，如果主人打电话过来我还给他就是了。"后来，失主真的打电话过来了，看着不断震动的手机，自己一次又一次地告诫自己按下接听键，却没有勇气这样做……最终我还是没把这个手机还给失主。事后，自己的心理一直受着良心的拷问"我是一个'道德'的人吗？是的，当然是'道德'的人！如果是'道德'的人为什么连这点小事都做不到呢？如果失主……或许我就还给他了，失主不是打电话过来了吗，我为什么不接电话呢？我不是一个'道德'的人！不，我是一个'道德'的人，如果……"

生活体验法是指让学生在真实生活情境的矛盾和冲突中积极地探究和体验，通过道德践行促进学生内化道德认识。陶行知认为，生活即教育，社会即学校。因此，利用生活中具体的道德冲突对学生进行道德教育，提高学生的道德认识具有重要的意义。在采用生活体验法进行道德教育的过程中，首先，教师不能粗暴地批评学生，更不能用简单机械的标准来评价学生。在无人监督的情况下，面对道德冲突，学生可能会做出一些违反道德规范的行为，对此，教师不能以局外人的身份对学生提出严厉的批评，更不能给学生贴上"品德低劣"的标签。其次，教师要引导学生积极体验，克服消极情绪。生活体验有积极和消极之分，积极的体验使人产生愉快的心情，使人精神振奋和获得心理的满足；而消极的体验却会让人产生挫折感、懊丧感，使人失去信心甚至自暴自弃。因此，当在面对道德冲突，学生没能很好地遵守道德规范而产生沮丧、后悔的情绪时，教师要给予积极的引导。再次，引导学生自我反省。在真实的情境中，由于受到各种利益的驱使，在无人监督的情况下，学生或多或少会出现违反道德规范的行为。在违反道德规范之后，学生往往会出现后悔、自责的情绪。因此，在生活体验结束之后，教师要引导学生进行自我反省，促进学生内化道德认知，增加意志。

所谓"教学有法，教无定法"，在提高学生的道德认知过程中，教师要根据具体的教学情境,根据学生的认知发展特点,综合运用各种教育方法来促进学生道德认知的发展。

拓展阅读

1.[瑞士]让·皮亚杰.儿童的道德判断.傅统先,陆有铨译.济南:山东教育出版社,1984.

本书对儿童的道德判断进行了系统研究,为儿童道德发展研究领域提供了一个系统的理论框架和一套有效的研究方法,初步奠定了品德心理研究的科学基础,对儿童的道德教育有很高的参考价值。本书从游戏的规则、成人的约束和道德实在论、协作和公正概念的发展、儿童的两种道德观及社会关系的类型四个方面出发,阐述了作者的儿童发展观。

2.李伯黍,燕国材.教育心理学(第三版).上海:华东师范大学出版社,2009

本书以"德育心理学"为重点,这也是本书的一大特色。在第一篇呈现德育心理学的基本知识的基础上,从道德认知的发展,道德情感的发展,道德行为的发展,价值观的形成、发展和德育模式等方面进行全面、系统地接受了德育心理学的研究成果。

3.郭本禹.道德认识发展与道德教育——科尔伯格的理论与实践.福州:福建教育出版社,1999.

本书从道德认知发展阶段理论形成的历史背景,道德发展的哲学基础,道德发展的心理学基础,道德认知发展的研究方法和道德教育的实践策略等方面全面而深入地论述了科尔伯格的道德认知发展阶段理论。这是一部有助于系统了解科尔伯格的道德认知发展阶段理论的著作。

反思与探究

案例1

A.有一个小女孩叫玛丽。她想让母亲高兴,于是便替她母亲裁布。可是,因为她不会很好地使用剪子,结果将她自己的衣服剪了一个窟窿。

B.一个叫玛格丽特的小女孩在她母亲外出的那一天去拿她母亲的剪子。她玩了一会儿剪子。因为她不会很好地使用剪子,结果在她的衣服上剪了一个小洞。

拿这两个故事去问几个小孩,回答如下:

儿童J(六岁):"(实验者)能告诉我刚才和你说的两个故事吗?——(儿童)第一个孩子想帮助她母亲,并且在她自己的衣服上剪了一个大窟窿。另一个孩子是玩,并剪了一个小洞。——在这两个小女孩中,是否其中的一个比另一个顽皮些？——想稍微帮助她母亲的那个小女孩更顽皮些，因为她剪了一个大窟窿。她挨骂了。"

儿童 K(七岁，女)："(实验者)你都理解了这两个故事了吗？——(儿童 K)理解了——他们中谁比较顽皮些？——剪了一个大窟窿的孩子。——她为什么剪了这个大窟窿？——她想使她母亲惊喜一下。——说得对。那么另一个孩子呢？——她拿剪刀玩，因为她经常乱动东西，这样就剪了一个小洞。——对。那么，这两个孩子中，哪一个更好些？——……(犹豫)——把你的想法说出来。——剪个小洞的那个孩子比较好些。——如果你是母亲，你看到她们所做的一切。你对谁处罚得更重些？——剪了一个大窟窿的那个孩子。——你对谁处罚得轻些？——剪了一个小洞的那个孩子。——当你严格地处罚剪了大窟窿的那个孩子时，她会说些什么？——她会说，我想使你惊奇一下。——另一个孩子呢？——她是为了玩。——应该给谁处罚得重些？——那个剪了大窟窿的孩子。——假如你是那个为了使你母亲惊喜而剪了大窟窿的那个孩子。你的妹妹为了玩，并剪了一个小洞。应该给谁处罚得重些？——我。——真的，还是假的？——真的。——你有没有剪过洞？——没有。——我问的这些问题是很容易回答的吗？——是的。——你能明白你自己所说的话的意思吗？——是的。"

儿童 S："(实验者)那两个孩子哪一个更顽皮些呢？——(儿童)最顽皮的是第二个孩子。她不该拿剪子玩。第一个孩子不是故意剪了一个大窟窿的。你不能说她顽皮。"

(资料来源：[瑞士]让·皮亚杰.儿童的道德判断.傅统先，陆有铨译.山东教育出版社，1984:145—146；150)

案例 2

一个诚实与集体主义的两难问题

徐老师在开学初，从学校领取了桌子和长凳，并被告知：这是学校的公共财物，学校在学期结束时，将进行财物验收，若财物有损坏或丢失，则由班级按损坏程度进行赔偿。另外，该班在学期末的班级评比中将被扣分，集体荣誉会受到损害。

在徐老师的管理下，同学们的集体主义感日益增强。一学期下来，班级财物基本没有什么损坏和丢失。可是就在学期结束的前一个星期，班上的凳子连续丢失了 3 条，并出现在其他班级上。很显然，凳子是被偷走的。初一(10)班的同学们心里很不是滋味。过了几天，凳子又回来了，但是并不是原来的那几条。徐老师觉得很奇怪，找来同学一问，原来有的同学气愤不过，也去另外的班级"拿"了凳子。

（资料来源：徐嵘.一个诚实与集体主义的两难问题讨论.上海教育科研，2000(1):36—39）

1.运用儿童道德判断发展阶段理论解释儿童 J 和儿童 K 为什么会做出这样的回答？

2.运用道德认知发展阶段理论解释案例 2 的学生为什么会表现出那样的行为？

3.运用所学知识，谈谈在道德教育过程中，如何提高学生的道德认识？

第三章　道德情感的发展

【学习目标】

1. 解释良心、内疚和羞愧感在道德发展中的作用。
2. 能够举例说明移情对品德发展的促进作用及训练方法。
3. 了解学生道德情感发展的年龄特征。
4. 掌握促进道德情感发展的方法。

道德情感是关于人的举止、行为、思想、意图是否符合社会道德规范而产生的情感体验。它是人类高级的社会情感之一，是人类维护道德生活秩序的重要手段。在人类道德实践中，道德情感是最具有活力的因素，它使个体充满生机与活力，是人的全部道德活动的枢纽。正如苏霍姆林斯基（B. A. Сухомлйнский）所言："道德情感——这是道德信念、原则性、精神力量的血肉和心脏。没有情感的道德就变成了干枯、苍白的语句，这语句只能培养出'伪君子'"。[①] 道德情感一旦形成，就会影响人们的道德动机、道德意志和道德习惯，并对人们的道德行为具有评价、调节和激励的作用。

第一节　道德情感：心理学解读

案例 3-1

催化剂——道德情感的力量 [②]

前苏联著名教育家苏霍姆林斯基当校长时，曾发生过这样一个感人的故事：校园里开出了几朵很大的玫瑰花，每天吸引了很多学生来看。一天早晨，苏霍姆林斯基看见一个小女孩摘下了一朵玫瑰花，他便问小女孩是什么原因。小女孩羞愧地告诉他，奶奶病得很重，她不

---

① ［苏］B. A. 苏霍姆林斯基著. 帕夫雷什中学. 赵伟等译. 北京：教育科学出版社，1983：75.
② 唐汉卫，张茂聪. 中外道德教育经典案例评析. 山东：山东人民出版社，2005：259—260.

相信校园里有这么大的玫瑰花,摘下来是想让奶奶看看自己说的没错。听了小女孩的回答,苏霍姆林斯基的心颤动了,他立即又摘下了两朵玫瑰花,对孩子说:"这一朵是奖给你的,因为你是一个懂得爱的孩子;这一朵是送给你奶奶的,感谢她培育了你这样好的孩子。"

教育家苏霍姆林斯基面对一位摘花的小女孩,没有去粗暴地批评制止,而是温和耐心地询问原因,从小女孩的回答中他发现了孩子纯真的心灵,金子般的爱心。所以,他摘下另外两朵玫瑰花肯定、鼓励羞愧的小女孩。苏霍姆林斯基对孩子真善美的细心呵护,充分体现了一位教育家对学生的尊重、爱护和关怀,折射出道德情感教育所具有的魅力和光芒。

一、道德情感:道德认知和道德行为的"内驱力"

道德情感是人们依据一定的道德观念和道德准则,对别人或自身行为进行道德评价时所产生的一种真切的情感体验。包括以下几方面内容:自我悦纳感、自我认知感、自我适应感、自我同一感、自爱自尊感、自信自强感等;对他人的同情关怀感、体贴仁慈感、友谊真诚感、善解人意的挚爱感等;对自然的敬畏感、亲近感、秩序感、护爱感等;对社会的合作责任感、公正公平感、荣誉成就感、爱国使命感等。[①] 道德情感在内容上是极其多样的。道德情感在形式上,可分为三种:直觉的道德情感,它是由对某种具体情境的感知而引起的情感体验;形象性的道德情感,它是通过想象和联想某些道德形象而产生的情感体验;伦理性的道德情感,它是一种以道德的理性认识为基础,清晰地意识到道德伦理的情感。

一般认为,道德情感对道德认知具有一定的指向性。我们道德教育中经常采用"动之以情"的方法,就是因为道德情感具有指向性,可以激活或唤起行为主体相应的情感,使之敞开心扉,接纳观点。道德情感对道德认知起着一定的"驱动力"作用,大部分情况下,积极的、肯定的道德情感可以长期、稳定地向道德认知输送"能量",促进道德认知由表及里、由感性向理性纵深发展。没有道德情感这座桥梁,道德认知转化为道德行为具有一定的难度。很多实践证明,一个人仅凭理智的命令,没有洋溢的热情,很难心甘情愿地付出道德行为,或单凭空洞的道德说教,没有情感的投入与交流,实现道德由自律转化为他律只能是一句空话。我们知道,在观念、规范向人内心转化的过程中,需要一个中介,这个中介就是道德内化,而道德情感在内化过程中起着须臾不可缺的动力和桥梁作用。

---

① 朱小蔓、梅仲苏.道德情感教育初论.思想·理论·教育,2001,(10):28—32.

道德情感对道德行为起着一定的内驱力作用。有句歌词唱得好,"快乐着你的快乐,痛苦着你的痛苦",道德情感之所以有助于道德行为,是因为行为主体能从使他人得到快乐与满足的道德行为中体验到自我的满足与幸福,获得一种自我提升的满足感。道德情感在行为主体的内心稳定下来后,就会在各种不同的情境中显示出一种情感稳定式的力量,对道德行为产生一种有选择而又有推动力的作用,使行为主体进入一种崇高的境界,促使行为主体自觉地将社会道德规范或他人好的思想观点纳入到自己的价值体系中,成为自身道德信念的一个有机组成部分。从这个意义上说,在道德行为中,行为主体掌握和遵循某种道德规范对于自身是一种约束、一种限制、一种牺牲、一种奉献,但同时又从内心感受到愉快、幸福和满足。

总之,道德情感是生命中最核心、最个性化、最不易伪装的东西,具有易感染性、"中转站"的特点,有助于道德认知和道德行为的统一。

二、内疚感、良心和羞愧感

关于情感与品德发展之间关系的研究有很多,比如,人本主义学派很重视情感,强调情感在道德教育中的重要作用,认为情感是构成行为模式的动力系统。美国心理学家杰罗姆·凯根(J. Kagan)认为普通人的道德状况主要是通过情感来判断的,而非受理性支配,提出5种基本道德情感:焦虑;移情;责任和内疚;疲乏或厌烦;困惑和不确定感,他认为人们的道德行为主要是由这5种感情引发,避免不愉快、得到愉快是最主要的道德动机。对具体情感进行研究且比较成熟的有弗洛伊德(S. Freud)的内疚感和良心,还有其他学者对羞愧感的研究。

(一)探察水底冰山——内疚感和良心

较早研究道德情感的是精神分析学派的创始人弗洛伊德。他把情感看做人格发展的核心,在从本我向超我的转变中,内疚和良心等情感起着非常重要作用。

要了解人格结构,首先需要知道弗洛伊德的冰山理论。弗洛伊德认为人的意识包含三个层面:意识、潜意识和前意识。以冰山为喻,露在水面上的部分叫做"意识"。大家都知道冰山的特点,比如看《泰坦尼克号》的时候,我们会奇怪,泰坦尼克号看到冰山,为什么还会撞上去呢?这是因为冰山露出水面的一块是很小的一部分,它巨大的体积都在水下,当远远瞭望到冰山的时候,如果船速度比较快就肯定会撞到冰山。那掩盖在水下的是什么呢?被水藏起来的部分是"潜意识",是被压抑的欲望、本能的冲动。这部分的特点是非理性的、冲动的,无道德的,甚至是反社会的。这些都是社会准则所不允许、得不到满足的。它被压抑在潜意识当中,所以潜意识是人类经验的极大的储存库,是人类活动的内区。弗洛伊德认为,潜意识当中这些巨大的部分,构成了个体活动的动力。

弗洛伊德又提出前意识概念。前意识是介于意识和潜意识之中的过渡地带,它是随着水的波动,时而露出水面,时而又没入水中的冰山的那一部分。潜意识和意识之间水火不容,一个露在外面,符合道德常规,伦理常规;而潜意识,是反道德、反社会常规的。如果潜意识都暴露出来,对个人来说,他的整个行为准则都会乱套,对社会来说,整个社会会陷入混乱。此时,前意识就起了重要的作用,它不准欲望、本能随便进入意识当中,不让这些潜意识随便出来,当前意识丧失警惕性的时候,被压抑的欲望和本能也会通过伪装渗透到前意识,所以说,这个过渡地带起着监督的作用,但同时,有时候意识和潜意识之间也会有小范围的流动。

结合三个意识层面的划分,弗洛伊德把个体人格分为三部分:"本我"、"自我"和"超我"。个体人格当中,本我更多的是潜意识层面的东西,代表人潜意识当中很多的欲求,自我相对于前意识,那么"超我",也就是冰山露在水面上的部分,是意识当中的主要内容。自我、本我、超我是怎样一种结构,怎样一种力量来维持冰山的平衡呢?怎样才能不把潜意识当中的东西都暴露出来,进入到意识层面呢?弗洛伊德特别强调了情感的作用,他把情感作为人格发展的核心。从本我向超我转变当中,哪些情感起了重大的作用?弗洛伊德认为是内疚、羞愧、良心等情感起了重要作用。超我由良心和自我理想两部分组成,它抑制本我的冲动,使自我采取较高的道德标准。人的一切行为都是这三个层面矛盾冲突的结果。所以说,道德动机的形成是由于超我也就是良心的压力使人产生情感上的不安。弗洛伊德认为,情感上的内疚和良心是制止个体行为当中非道德的一个主要力量。

内疚感是个体在知觉到自己的行为不符合社会道德准则或给社会、他人造成损失时,作出道德作为和利他行为的感情动力。弗洛伊德认为内疚感有两个根源:一个是对权威的恐惧,另一个是对超我的恐惧。起初本能克制是害怕某个外部权威的结果。儿童克制其本我需要,放弃做出不好的事情,是由于此阶段儿童处于无助和依赖于他人的状态,他们害怕失去爱,弗洛伊德称这种害怕失去爱而不干坏事的良心为坏良心,它属于良心发展的第一阶段,这反映了一种社会性焦虑。在儿童身上,表现为害怕父母和成人的惩罚;在成年人身上,则害怕被较大的人类群体和社会所惩罚。出于这种坏良心,人其实允许自己做坏事获得想得到的东西,前提是不要被别人知道,不要遭受惩罚,所以这种焦虑只和害怕被发现有关。只有当人格结构中牢固地形成了超我,并且由超我把那些外界的权威人物内化之后,真正的良心才能出现,这是良心发展的第二个阶段,这时候,内心的超我取代了外界的强有力的人物,像大多数老师"凭良心教书"就是这么一种现象。弗洛伊德认为,在良心发展的第一阶段,当儿童克制了本能冲动之后,内疚感就不会再有了。但是,在良心发展的第二阶段,即使克制了本我,超我也会为个体带来内疚感。比如,苏霍姆林斯基有一次看见一个学生打死一只麻雀,便领着这个学生找到一个雀巢,里面有几只雏雀嗷嗷待哺。苏霍姆林斯基自言自语地说:"它们失去了妈妈,现在谁也没有办法救活它们了。"此情此景,使这位小肇事者羞愧难当,深深地低下了头。这个学生 20 年后对苏霍姆林斯基说:"如果当年您严厉地惩罚我,那么这么多年我就不会因此而自己惩罚自己了。现在我觉得自从打了那一弹弓后,世界上小鸟的啁啾声都变得少了似的……"[①]

良心概念是弗洛伊德道德发展观的核心。在他看来,良心具有双重性:要么向本能需要妥协,从而获得满足;要么克服本能冲动,产生良心。由于超我的产生,儿童的本能需要在发展过程中被转化和取代,让位于内在的道德标准,促进这种转化的因素,是由于本我和超我的冲突,在超我指导下产生的积极情感。在这一过程中,超我作为行为调节的一种方式把内疚感和道德理想整合起来。

在弗洛伊德看来,道德的形成导致了儿童内在的双重性,一方是超我的力量,另一方是本能需要。遵从超我力量,儿童就要把遵守社会规范当作一种义务。恰当的超我将使儿童形成合理内化的道德,这是一种稳定的、不可改变的道德。

(二)羞愧感——抵挡现代生活中的"野蛮人"

羞愧感,又称羞耻感,是个体做了不符合道德规范的事所产生的内疚、自愧的心理体验,也是个体是非观念、善恶观念、美丑观念、荣辱观念的一种综合反映。羞愧感是人特有的道德情感,知羞明耻是人与禽兽的重要区别,"无羞耻之心,非人也。"羞愧感是由惧怕发展起来的,它与儿童道德认识的形成、道德经验的增长、道德行为规范的逐步了解等等有着不可分割的联系。

自尊是羞愧感发展的基础,当儿童的自尊心受到伤害时,是感到委屈还是羞愧,取决于儿童是接受还是不接受成人对自己的"裁判"。假如这一裁判与儿童对自己过失的认识一致,那就达到了目的,就会激起儿童对自己行为的羞愧。如果儿童觉得这一裁判不公正,他们就会感到委屈。

有人通过实验研究了产生羞愧感的条件,[②]如儿童对自己的哪些行为感到羞愧?在哪些方面感到羞愧?哪个年龄会受舆论的影响等。实验设计了一些可以引起儿童羞愧感的情境,比如,将儿童领进房间,让他玩一些玩具,告诉他

---

① 徐洁.要善于利用学生的"内疚感".中国教师报,2003-09-08.

② 陈琦,刘儒德.教育心理学.北京:高等教育出版社,2001:263.

有一个玩具是别人的,不能动,当儿童按捺不住,打开这个玩具的包装时,就将他带出房间,观察他的情绪反应。实验结果表明:第一,儿童只有形成了个人自尊感,理解了自己的各种品质(首先是那些优良品质),才能认识到自己的过失和错误,才能从道德角度对自己作出评价,才懂得哪些行为引起了成人不好的评价,并为之羞愧;第二,3岁儿童已出现萌芽状态的羞愧感,但这种羞愧感并不是由于认识到自己的过失而产生的,而是由于成人带有责备和生气的口吻才产生的,因此,还没有从惧怕中摆脱出来,而且,其羞愧感全部表露在外;第三,学前期儿童已不需要成人的刺激,能自己认识到行为不对而感到羞愧,惧怕感与羞愧感可以分开;第四,小班和中班儿童只在成人面前感到羞愧,大班儿童在成人面前,特别是本班同伴面前也会感到羞愧,表明集体舆论已越来越重要;第五,随着年龄增长,儿童羞愧感的范围在不断扩大,而且,越来越社会化,但羞愧感外部表现的范围在缩小,对羞愧感的体验在加深,儿童还会记住产生这种情绪的条件,以后遇到类似情境便会努力克制可能导致重犯错误的行为和动机,将成人的要求逐渐变为自己的要求。研究者最后总结认为,当它成为个性中一种稳定的东西时,就会改变个性的结构。

三、移情

20世纪七八十年代,道德情感的理论研究出现了转折,移情开始受到人们的重视,它不是具体的道德情感,但被认为处于道德发展的核心地位。

移情是个体由真实或臆想的他人情绪、情感状态引起的并与之一致的情绪、情感体验,是一种替代性的情绪、情感反应,是一种无意识的、有时又是十分强烈的对他人的情绪状态的体验。比如,在电影或电视中看到感人场面,人们会动情甚至会不自觉地流下眼泪,看到好人遇难会着急,恶人作恶会咬牙切齿,这种融入角色与其同喜同悲,就是移情。移情作用是维系积极的社会关系、促进亲社会行为的重要因素,是人们内心世界相互沟通的桥梁。个体最初的移情是自动的、非随意的,随着个体年龄的增长以及认知能力的发展,移情反应的能力被极大地加强和扩展了。美国心理学家霍夫曼(M. L. Hoffman)勾画了道德移情发展的四个阶段:

第一阶段,普遍性移情。约在个体出生后第一年的婴儿期。个体不能意识到别人是完全不同于自己的一个人,但通过最简单的情绪唤起方式仍能体验到他人正在遭遇的不幸,并显得就像自己也在遭遇不幸一样。例如,在研究中观察到,婴儿看到其他婴儿的眼泪自己也会哭,这时的移情处于一种非常原始的阶段。

第二阶段,自我中心移情。约在2岁左右。儿童能区分自我与他人,能分别形成自我的表象和他人的表象,这使普遍性移情发生变化。这时,儿童已能意识到是他人而不是自己遭到了不幸,但对他人的内部心理状态是不清楚的,并认为是与自己一样的。例如,一名16个月大的孩子,当她看到有点忧伤的成人时,会把自己心爱的洋娃娃送给成人;或看到自己的伙伴哭泣时,会拖着自己的母亲去安慰她,尽管伙伴的母亲也在旁边。

第三阶段,对他人感受的移情。约在2—3岁。儿童开始能承担角色和使用语言了,开始能意识到别人具有与自己不同的情感、需要以及对事物的理解。这使个体能更多地对涉及他人真实情感的诸多线索作出反应,用语言表达各种日益复杂的情绪。这时,儿童能在很宽泛的情绪范围内产生移情,即使受害者不在现场,也会通过听到关于他的不幸消息的描述而产生移情。在这一阶段,儿童能够采取一定的行动,以合适的方式帮助别人。例如,看到邻居家的小孩哭了,会过去把玩具给他,抚摸他的头,安慰他。

第四阶段,对他人生活状况的移情。个体进入童年后期,对人类的理解随着认同感的增长而增加,认识到自己和他人各有自身的生活经历和个性,能够注意到他人的生活经验和背景,不仅能从当前情境,而且能从更广阔的生活经历来看待他人所感受的愉悦和痛苦。同时,儿童认识到,别人也能同样知道他的苦与乐。在这个阶段,儿童不但能在自己熟悉的情境中体验到移情,而且也能在自己不熟悉的人和群体(如贫困者、受压迫者等)生活的环境中体验到移情。这是一种超越直接情境的移情阶段。

霍夫曼指出,移情对个体的道德发展具有重要功能,这种功能主要表现在对道德价值取向、道德判断和道德行为诸方面的影响上。

第一,对道德价值取向的影响。道德心理学研究指出,公正和关怀是两大主要的道德价值取向,它们是个体道德发展中自身特点的一种突出反映。公正的道德价值取向主要与坚持平等、公道、权利、义务等准则有关;关爱的道德价值取向主要与笃信、关怀、爱护、照顾、助人等准则有关。霍夫曼认为,道德移情的发展使一个人能够去注意引发他人情感状态的各种线索,注意到他人情感的发生和发展,也使一个人能够感受到他人真实的生活状况,感受到个人状况与其情感的种种联系。这可促使个体形成保护他人、呵护他人和帮助他人的心理倾向。而且在移情基础上产生的愤怒、内疚、同情等情感会促使个体产生不公平感。为了对一些人公平,就要对另一些人进行谴责甚至惩罚。因此,移情强化了个体具有的公正道德价值取向或者关爱道德价值取向。

第二,对道德判断的影响。道德心理学研究的道德判断主要是指面对权利、义务、情感诸方面有矛盾冲突的道德问题时,一个人会作出何种价值判断。霍夫曼认为,道德移情对道德判断的影响是通过激活人头脑中特定的道德准则而发生作用的。道德判断是道德推理的结果,针对特定问题的道德推理又是以一定的道德准则为基础的,即一个人是依据特定的道德准则去推理和作出判断的。当他人的权益受到侵犯时,个体会深感不公平或愤怒。当他人处于不幸和身心痛苦时,个体也会产生发自内心的同情,甚至因不能为之"解困"而内疚自责,这时"设身处地"、"将心比心",就会使一个人意识中的与当前问题有关的道德准则更为突显和活跃,随之就更有可能把它作为在思考道德问题时的重要依据,并最终得出相应的道德判断。

第三,对道德行为的影响。道德行为是人在一定的道德认识指引下,在一定的道德情感激励下表现出来的具有道德意义的具体行为。一个人从面对特定的道德问题情境到表现出实际的道德行为是受诸多因素影响的复杂心理过程。霍夫曼认为,在这一过程中个体的道德移情起着重要作用。如,道德行为的发生首先需要一个人能够感知到自己当前面临的是一种道德的问题情境,并能够从道德的角度去给以诠释。此时,一个具有较高道德移情水平的人往往就具有较为强烈的道德敏感性,有较高的"观点采择"水平和"角色承担"能力。这就使个体的道德动机最终能够处于主导地位而作出正确的道德抉择,就能使个体在执行动机的实际行动中意志坚定,克服挫折和诱惑,完成道德行动。同时,移情情绪本身促使人们做出更多的道德行为。例如,当一个人产生移情性的悲伤或内疚时,会促使其做出弥补性的行为,以降低悲伤或内疚的强度,从而降低悲伤或内疚带来的痛苦。

视窗 3-1

布莱安特(Bryant)儿童青少年移情测验

陈　述	反　应
1. 当看见一个女孩没找到人与她玩时,我会感到伤心。	(＋)
2. 在公共场所接吻、拥抱是一种愚蠢的行为。	(－)
3. 因高兴而哭泣的男孩是傻家伙。	(－)
4. 我真的喜欢看见打开礼品盒,即使我不会得到礼物。	(＋)
5. 看见一个男孩哭泣使我觉得自己好像也要哭似的。	(＋)
6. 当看见一个女孩痛苦时,我会感到不安。	(＋)
7. 即使我不知道别人发笑的原因,我也会发笑。	(＋)
8. 有时,我在看电视节目时也会哭泣。	(＋)
9. 因高兴而哭泣的女孩是傻家伙。	(＋)
10. 对我来说,要明白别人感到不安的原因是很难的。	(－)

11. 当我看见一个男孩找不到人与他玩时,我会感到伤心。 （＋）

12. 当我看见一只动物痛苦时,我会感到不安。 （＋）

13. 有些歌使我如此伤心,使我学得好像要哭似的。 （＋）

14. 当我看到一个男孩痛苦时,我会感到不安。 （＋）

15. 有时成年人也会哭泣,即使他们没有什么伤心的事情。 （—）

16. 把狗、猫看成有人一样的情感是愚蠢的。 （—）

17. 当我看见同学总是假装需要老师帮助时,我会生气。 （—）

18. 没有朋友的小孩极有可能是他们不想要朋友。 （＋）

19. 当看见一个女孩哭泣时,我觉得自己好像要哭似的。 （＋）

20. 我认为在观看伤感电影和阅读伤感小说时,有些人哭泣是很可笑的。 （—）

21. 我能够吃掉所有的饼干,即使有人看着我想要吃一个。 （—）

22. 当我看见一个同学因没遵守校规而受老师惩罚时,我不会感到不安。 （—）

说明:（＋）号表示肯定的回答,代表儿童产生了移情;（—）号表示否定的回答,代表儿童未产生移情。对被试回答的要求因年龄的不同而不同,年龄较小的儿童用"是"与"否"回答,年龄较大的则采用九级评定,以更精确描述被试对某个题目赞成或不赞成的程度。该测验备有标准反应,将所测与其对照,说明儿童是否具有移情。

资料来源:寇彧,张文新.思想品德教学心理学.北京:北京教育出版社,2001:243—244

第二节　学生道德情感发展的年龄特征

通常情况下,学生的道德情感发展水平是随着年龄的增加、学段的上升而不断提高的。分析中小学生道德情感发展的特点,能使学校德育更具针对性,从而使学生沿着"无律"、"他律"、"自律"的发展轨迹循序渐进。下面的例子"晓琴给妈妈的十四条建议和妈妈的回答",就充分体现了青春期学生的心理、情感特点。

表 3-1　晓琴给妈妈的十四条建议和一位母亲的回答①

晓琴给妈妈的十四条建议	一位母亲给晓琴十四条建议的回答
1.我需要帮助,同时也需要独立。	只有我们的帮助,你才能独立。
2.为了成长,请允许我犯些错误,让我自己在生活中学会如何生活。	你打个碗,可以原谅;你要是说谎,绝对不行。
3.请不要强迫我按照您的模式去生活。	你要参考我的"模式"。
4.请自觉地保护我的自尊心和隐私权。	父母、儿女都有自尊心;若谈"隐私",你在18岁前的监护权归父母。
5.如果您想成为我的朋友,那就得放下家长的架子。	你要先把父母当朋友。
6.请不要拿我当您的出气筒。	若有故意拿自己儿女作出气筒的人,则是天下最无知的人。
7.宠了我就别说把我宠坏了。	能认识到是我宠坏了你,你就别"坏"了。
8.不要把简单的事情复杂化,不要把过去的错误扩大化。	犯过的错误决不能一而再,再而三地重复犯了。
9.多一些建议,少一些命令。	我们的确应该注意方法和语气。但,同样一句话,是命令,是建议就看你是怎样理解的。
10.请不要第一百零一次告诉我某事该怎样做。	以后最多说三次。
11.我不仅学习您告诉我的东西,还学习您身上表现出来的东西,包括坏的习惯。	我已给你讲清楚的、我同时也正在改的坏习惯,你决不能有同样的坏习惯。
12.我不仅需要爱,还需要学会爱别人。	父母最需要爱。
13.即使您能替我做所有的事,也请您把它们留给我自己做。	我累时,的确需要有人递杯茶。
14.因为我是菊花,所以请别让我在夏天开花;因为我是白杨,所以请别指望从我身上摘下松子。	父母不是完人,该你学的,该原谅的,该摒弃的,需要思考的是你;还有一句,父母不是"省长",你的要求,大多是不能满足的。

　　大家看完这两封信以后,一定会有很多体会。我们可以看到青春期教育当中很多的冲突,这个阶段的青少年处于心理上的"断乳期",生理上的迅速成熟使他们产生了强烈的成人感,希望像成人那样对自己的事情做主。但是他们没有能力去面对很多矛盾、心理的困扰,情绪、情感的困扰。所以,父母和教育工

---

　　① 晓琴.晓琴给妈妈的十四条建议.中国文化报,2000-6-21;张新爱.一位母亲给晓琴十四条建议的回答.中国文化报,2000-6-21.

作者需要特别关注这个阶段,帮助他们渡过这个时期。研究不同阶段学生道德情感发展的特点,有助于解决学生道德情感方面的诸多矛盾,同时对确定相应的德育目标要求、内容安排和措施方法,提高德育的实效性都有非常重要的作用。

表 3-2　学生自身的发展轨迹 [1]

年龄特点	关注要点	教育策略
依恋的 0 岁	依恋感	重视关注性的满足
好动的 1 岁	安全感	重视安全性的保护
可爱又"可怕"的 2 岁	信任感	重视支持性的参与
"听话"的 3 岁	秩序感	重视尊重性的引导
模仿的 4 岁	自主感	重视榜样的示范
好问的 5 岁	探求感	重视积极的鼓励
合群的 6 岁	认同感	重视合作性的互动
规范的 7 岁	成长感	当一名小学生自豪感的教育
好学的 8 岁	勤奋感	培养学习兴趣,鼓励刻苦学习,进行磨砺教育
友谊的 9 岁	友爱感	培养相互交往中的友爱感
上进的 10 岁	进取感	培养天天向上的进取感
迷惘的 11 岁	自爱感	培养自我认同的自爱感
冲突的 12 岁	自尊感	培养自我肯定的自尊感
闭锁的 13 岁	自立感	培养自我要求的自立感
重义气的 14 岁	自强感	培养自我激励的自强感
幻想的 15 岁	美感	培养自我欣赏的美感,进行追求真善美的教育
花季的 16 岁	责任感	培养学生负责的责任感,进行自我要求教育
憧憬的 17 岁	成人感	培养学生关心的成人感,进行追求理想的教育
成熟的 18 岁	使命感	培养学生反思的使命感,进行崇高使命的教育

从上表中可以看出,青少年学生的情感发展有它的年龄特点和自身运行的轨迹。通过对不同年龄学生的关注和培养,使学生从道德的"无律态"逐步向"他律性"方向发展,再向"自律性"提升。

---

[1]　朱小蔓.情感德育论.北京:人民教育出版社,2005:75—76.

一、小学生道德情感发展特点

一般认为,小学阶段是从 6、7 岁—11、12 岁。从整体上来看,这个阶段的小学生不善于控制自己的情感,情绪很容易被周围的环境所感染,即直觉的道德情感占优势。小学生的思维带有较大的具体形象性,思维发展处于从具体形象思维向抽象逻辑思维过渡的阶段,因此,小学生道德情感发展是一个从低到高、从浅入深的过程。

(一)小学生对某种道德情境的感知往往会迅速产生情感,即直觉的道德情感占优势

这一特点在小学低、中年级学生中表现明显,他们在生活环境中直接感受或表现某种道德情感。这种直觉性对小学生具有迅速导向的作用。比如:小学生看到老师为有病的同学搬凳子并扶他坐下,同学们从老师的行为中感受到"关爱",理解了关爱就是对所爱的人主动关注,及时感受到他的需要并给予力所能及的帮助。因而,小学生以后会主动向有困难的同学伸出热情关怀的手。

(二)小学生道德情感发展与所处环境有关,即依附环境较强

这一特点与小学生的生活环境变化有关。小学生的生活环境由最初的家庭扩大到学校,他们的道德情感也由依附于家长转为依附于教师,再到后来发展为依附于群体。比如:入学后,随着学校生活时间的推移,小学生的道德情感渐渐依附于老师,再随着生活的延续,慢慢地在小学生之间形成几个人一伙的群体,并开始表现独立倾向,这时,小学生的道德情感又开始转向群体。

(三)小学生道德情感发展具有明显的转折性

小学生道德情感发展具有明显的转折期,一般是在小学三年级。李怀美教授等人设计了一套问卷,[①]用以测查小学生的道德情感的发展趋势。试题包括 5 个道德情感范畴:爱国主义、良心、荣誉、义务和幸福,根据道德情感的不同水平拟定了 5 个答案。问卷调查的结果表明:小学三年级是道德情感发展的转折点,即一、三年级之间道德情感水平的差异较显著,而三、五年级的差异没有如此明显。

二、初中生道德情感发展特点

初中时期一般是指 11、12 岁～14、15 岁,这个阶段正是由儿童向青年过渡的时期,是人生处于身心发展最迅猛的时期,它在道德情感发展上,显示出与众不同的特质。初中生的道德情感很丰富,容易激动,但有时也能够控制自己的

---

① 莫雷.教育心理学.广东:广东高等教育出版社,2002:351.

情感，做出理智的行为。此阶段道德情感发展具有动荡性、不成熟性，这也正体现了他们独立性与依赖性、自觉性与幼稚性并存的过渡期的道德情感特点。

（一）初中生道德情感的内容在不断丰富，并有明显发展

初中生的道德情感内容丰富。由于他们的身心发展迅速，知识和技能明显提高，家庭和学校中的社会地位显著改变，自我意识迅速发展，这些使得他们意识到自身的成长，出现了"成人感"，进而影响到他们的道德情感发展。比如，义务感、责任感、荣誉感、自尊感、集体主义情感和友谊感等内容逐步形成，而且有明显发展。

（二）初中生道德情感的自觉性有了一定程度的提高

心理学家曾对初中生道德情感的社会性水平进行追踪研究，[①]发现他们道德情感社会性水平发展趋势有三级水平：一级水平是利己的情趣，如只顾自己不顾别人，对集体无感情，与同学不团结，斤斤计较；二级水平表现为重感情，讲义气，能与同学和睦相处，但常与几个小团体亲密无间，尚未意识情感的社会意义；达三级水平的学生能自觉热爱集体，具有集体荣誉感、义务感和责任感。随着学生知识水平的提高、年龄的增长和情感的发展，越来越多的初中生达到三级水平，而第一级水平的人数则逐年递减。

（三）初中生道德情感发展具有动荡性，并且难于自制

初中生的思想比较敏感，又不十分成熟，还不善于自控，这样社会上的各种思潮和风气容易对他们的道德情感产生影响。同时，由于初中生进入青春发育期，会出现"成人感"，这就要求与成人建立平等的、相互尊重的、相互帮助的朋友关系，家长和教师若是居高临下，伤害了这种关系，往往会引起他们激烈的情绪反应，甚至出现"逆反心理"，故意违背师长的要求，做出有违道德的行为来。

三、高中生道德情感发展特点

高中时期是从 14、15 岁～17、18 岁，这个年龄段正是高中生从生理成熟向心理成熟的过渡期，道德情感发展具有独立性、自主性特点，18 岁开始享有公民的权利和履行公民的义务，进入以自律为形式，自觉遵守伦理道德准则，运用道德目标、理想、信念等来调节道德情感发展的初步成熟期。

（一）高中生道德情感的社会性水平随年龄增长而日益提高

由于高中生道德情感经验的积累，道德情感的社会性水平逐渐占优势，体现在：集体荣誉感和爱国主义情感的稳定性在增强、道德情感的内容日益丰富、道德情感体验逐渐深刻；高中生的自尊心越来越强，伴随着高中生自我意识的

---

① 莫雷，张卫.青少年发展与教育心理学.广州：暨南大学出版社，1997：104.

日益强烈,他们更加关心自己在集体中的地位和威信,更渴望获得尊重、接纳和肯定。高中生的友谊感强烈,渴望寻到知心朋友,可以诉说他们的喜怒哀乐。

(二)高中生道德情感发展仍不成熟,具有反复性

高中生道德情感的形成和发展过程中,受自身心理和社会各种因素的制约,在各种道德观念的矛盾斗争和交互影响中,呈现出反复性,道德情感出现时而好、时而坏的情形。对社会上有明确标准的是非、善恶、美丑观念常常持相反的态度,并自认为这是个性的最佳表现。例如,有的高中生把打架斗殴看做是英雄行为,把为所欲为、不遵守纪律的无政府主义视为潇洒人生的表现。

(三)高中生道德情感发展不太协调,具有不平衡性

高中生的道德情感发展具有不平衡性,对不同道德范畴所表现出来的道德情感存在差异,其中自我同一感、自爱自尊感等方面发展较早较好,而与政治道德感有关的爱国主义情感、民族自豪感、集体主义感以及责任感、义务感发展较差,水平也较低。例如,一份调查结果反映,[1]高中生道德情感的各个方面发展不平衡,其中自我认知感、同情关怀感发展较好,而责任感发展较差。

第三节　促进道德情感发展的方法

道德情感培养是一项十分细致复杂并充满矛盾的工作,仅凭工作热情是不够的。我们需要掌握一些能促进学生道德情感发展的有效方法,像以理服人、以情动人、以形感人和以境育人等。移情也是促进学生道德情感发展的一种好方法,移情训练的方法有很多,如认知提示、情绪追忆、角色扮演、情景讨论、分享体验、情感换位、作品深化与小品分析等多种。本节主要介绍情感陶冶法、榜样示范法、移情训练法和角色扮演法。

一、以境生情:情感陶冶法

案例 3-2

生命应该如此美丽[2]

在《董存瑞舍身炸暗堡》教学中,一位老师恰当地运用电教手段,利用声像创设情境,使学生入境入情。首先利用录音,烘托战斗气氛。在教学第七段时,老师一边放背景音乐,一边朗读课文。这时教室里

---

①　何良艳,周辉林和湛杰良.中国德育,2006,1(12).

②　刘海燕.情感的力量——道德情感教育的理论与实践.四川:四川教育出版社,2002:262—263.

出现了枪炮声、嘹亮的冲锋号声、导火索的"吱吱"燃烧声以及"滴滴答答"的令人窒息的闹钟声,一声高亢激昂的喊声:"同志们,为了新中国,冲啊!"随之是惊天动地的爆炸声。学生们听了这样的配声朗诵,领略到了英雄荡气回肠的悲壮之美、阳刚之气。同时,老师还利用录像,再现英雄形象,使学生了解董存瑞无所畏惧的高度的民族使命感和责任感。并且,让学生对着镜头中的英雄,向董存瑞叔叔说说心里话。这样,学生于动心动情中受到伟大情操的陶冶、感召。

情感陶冶,简而言之,是陶情和冶性的结合。在这个过程中,始终伴随着情感的熏陶。这种情感的熏陶作用,集中体现在"化"与"渐"这两方面。所谓"化"就是感化,熏陶的作用在于使人于不知不觉中潜移默化地受到情感的教育。"化"的关键在于启发诱导,而不是强制灌输,以充分调动受教育者自身的积极性和主动性。"渐"的含义是浸渍,也就是感染。就是说,熏陶的特点就像把素丝投入染缸一样,是由点及面、由近及远、由浅入深进行的。[①]

情感陶冶法的实施途径包含以下三个方面:教师的爱、环境陶冶和艺术陶冶。特别是好的艺术作品对学生情感陶冶具有明显效果。如给学生选一些优秀的文学作品,或观看有益的电影电视和戏剧,既能使学生得到美的享受,又能激发他们的道德情感,这种与具体道德形象相联系的情绪体验,是学生道德情感形成的重要因素。在道德教育实践中,音乐舞蹈同样是陶冶学生道德情感的有效手段。因此,情感陶冶实施的关键在于要设置具有道德意义的教育情境,要注意精心组织教学内容,借助多种手段,如教材中色彩缤纷的插图、电影、电视、录音、多媒体等现代化教学手段等,使抽象概念形象化、情感化,呈现丰富多彩、引人入胜的效果,很容易使学生进入特定角色。通过生动活泼、形象具体、启发引导等途径,使道德教育更具吸引力、感染力、说服力,激励人心,入眼进脑,真正达到"好雨知时节,当春乃发生,随风潜入夜,润物细无声"的实效。教师的主要功能体现在情境的设计上,同时要尽量淡化教师的作用。学习主体和教育情境之间的互动,也是一个很重要的方面。因此积极的"参与"可使环境变成一种具有亲和力或亲切感的道德影响源。

---

① 檀传宝.德育原理.北京:北京师范大学出版社,2000:221—222.

视窗 3-2

模式范例

电影是一种综合的艺术,具有形象生动,感染力强,易于被接受和理解等特点,是学生非常喜欢的一种艺术形式。如果加以利用,对学生进行理想和信念的教育,培养学生高尚的道德情操,一定会被学生所喜爱,收到事半功倍之效。

为了能使电影这种教育形式产生良好的效果,我们首先精心挑选了一些故事性强,同时又蕴含深刻的道德情感内容的影视作品,并根据学生年龄特点和心理发展规律,有选择地、有针对性地、逐步深入地放给学生看,下面以培养学生爱国主义情操为例来加以说明。

首先,在学生观看爱国主义影片之前,我们用说教的方式,告诉学生什么是爱国主义,不同时代爱国主义内容的不同特征,以便使学生对爱国主义有一种理性上的理解和认识。

我们认为,从学生的角度看,爱国主义的产生是一个逐步发展、逐渐深入的过程。人不可能在一夜之间就能产生对爱国主义的深刻而抽象的理解,人们的爱国主义情怀,总是在爱具体的事物,爱自己熟悉的事物的基础上,加以引导,从而不断发展。人们总是先从爱自己的家庭、爱自己的班级和学校,进而爱自己的家乡,再发展到爱祖国的大好河山,以此引申,才能深深地爱为祖国做出杰出贡献的历史名人。只有有了这样一种情怀,学生们才会树立起学好本领、报效祖国的理想和信念,才会产生深刻的爱国主义情操。

正是基于上述的认识,我们接下来选择了一些和"爱家庭、爱学校和爱家乡"有关的影片,如《和你在一起》、《遥远的故乡》等放给学生看,以使学生在情感上加深对家人、学校和家乡的爱,并在此基础上,逐步播放了一些蕴含热爱祖国,甚至为了祖国而付出生命的爱国影片,如《高山下的花环》、《惊涛骇浪》等。

在每一部电影结束后,我们都要求学生就此写一篇观后感,并对学生的观后感及时作出反馈。在时间安排上,我们每周给学生放一次电影,整个活动持续了一个学期,取得了良好的效果。

资料来源:周斌.普通高中德育活动模式研究.硕士学位论文,江西师范大学,2003:19

二、以学育情:榜样示范法

案例 3-3

别让座位蒙上灰尘 ①

上课了,我习惯性地扫视了一下教室:今天燕燕还是没有来。她已经连续缺课三天了! 这孩子的身体一直不好,季节的变化导致了她哮喘的复发。这对于我这个刚带他们一个月的班主任老师来说,还真有些挂念;但与之同窗四年的同学们也许已经习惯了吧,要不怎么不见他们询问有关她的消息?

学生开始做作业了,我在教室里四处巡视着。高年级学生打扫卫生已经不用老师担心了,看着教室里窗明几净的,心情好不舒畅! 走到最后一张燕燕的座位上时,心里不禁"咯噔"了一下,她的桌子、凳子上已经蒙上了一层灰,几本作业本零散地放在桌子上。

十一二岁的孩子应该懂事了,我真不知道该怎么开口和他们说,只好随手从桌兜里拿了一块抹布,轻轻地抹凳子。老师的举动永远是学生注目的焦点。一个学生三步并作两步地搬来一张凳子:"老师,你坐! 这凳子是干净的!"心里不由得涌上了一股暖意,我笑了:"谢谢,我不坐!"从她的眼中,我分明看到了疑惑:你不坐为什么还要擦凳子?

走上讲台,我终于打开了话匣子:"同学们,谢谢你们! 其实我刚才只是想:也许燕燕明天会来,也许今天下午就来了,无论她什么时候来,看到她的座位和大家一样干净,她一定能感觉到大家在等她……"

"老师,其实我们好几天没看见她了,也有点想她的,只是我们没想到……"一会儿沉默过后,有人开口了,声音不大,但足够让每个同学都听到。"老师,我知道了:不要让空着的座位蒙上灰尘,是吗?"

教孩子学会关爱其实也很简单,不是吗? 在你不经意的挥手间,在你拂拭灰尘的那一刹那,心灵的窗户已经擦亮了!

文中教师的举止,传递的是一种关于爱的教育,榜样的力量是无穷的,教师的言行会潜移默化学生的思想和行为。

榜样示范法是教育者以他人的高尚思想、模范行为和卓越成就影响学生,促使其形成优良品德的方法。这种方法的特点是把抽象的道德规范和高深的

---

① 唐汉卫,张茂聪.中外道德教育经典案例评析.山东:山东人民出版社,2005:263—264.

政治思想原理具体化、人格化,以生动具体的典型形象影响学生心理,使教育有很强的吸引力、说服力和感染力。榜样是无声的语言,而这种无声的语言往往比有声的语言更有力量。青少年学生的可塑性大,模仿性强,有了生动具体的形象作为榜样,便容易具体地领会道德标准和行为规范,容易受到感染,容易随着学、跟着走。这样就有助于他们养成良好的道德品质和行为习惯。

教师在运用榜样示范教育过程中,要选择有教育意义,而且又切合学生实际的典型人物或事例。对学生影响较大的榜样有三种:第一,伟人和英雄模范人物。伟人和英雄模范人物的生平事迹和所建立的光辉业绩是具体、生动、形象的教育材料,学生们学习以后,不但会产生敬爱之情,而且都会以此为榜样照着去做。例如学了雷锋的事迹后,学生都争着向雷锋学习做好事,培养他们为人民服务的好风尚。第二,教师本人。教师在学生心目中有崇高的地位,教师的一言一行都在潜移默化地影响着儿童。因此,教师一定要严格要求自己,言行要符合社会的道德规范,用美的语言、美的行为、美的心灵来影响教育学生,培养学生良好的品质。第三,同伴。同伴与学生们的年龄相近,他们中间出现的好榜样或有教育意义的事例更易被学生所接受,特别是与儿童生活比较接近的那些平凡小事,产生的感染力更强。所以,教师要注意表扬学生中的好人、好事,树立良好的学习榜样。

为充分有效地发挥榜样的教育作用,宜遵循几点要求:首先,榜样必须真实可信。学校在宣传榜样的事迹时,不能人为地夸大、拔高、提供一些不食人间烟火、没有七情六欲的"高"、"大"、"全"式的人物形象,要客观地、全面地展示其全部的成长过程,要如实地反映其真正具有的高尚的思想品德。只有这样,才能比较客观地树立起为学生心悦诚服的榜样,也不会使学生感到高不可攀。其次,帮助学生缩短角色距离。要善于找到榜样和学生之间沟通的联结点,把学习榜样与学生日常生活联系起来并转化为实际行动。除此之外,为了缩短学生与榜样之间的心理距离,还要尽可能地在学生身边寻找学习的榜样。学习榜样贵在启发自觉,决不能依赖行政手段强制执行。最后,促使榜样成为学生自律的力量。在学习榜样时,应着眼于把榜样从一种他律的力量转化为学生自律的力量,从外在的约束力转化为内在的动力。为此,一方面,学校要善于激起学生对榜样的敬慕之情,只有使他们在心灵深处对所学习的榜样产生惊叹、爱慕、敬佩之情,才能使外在的学习榜样转化为学生心目中的榜样;另一方面,学校要经常组织学生讨论,通过讨论和评价,才能帮助学生深刻地把握榜样的思想言行及其社会意义和价值,才能加深他们对榜样的认识理解,从中达到自我教育、自我提高的作用。

三、以情激情：移情训练法

案例 3-4

如果小树会说话①

　　自由活动时间，几个孩子捡起刚修剪下来的枝条用力抽打着一棵小树上的树叶。碧绿的树叶零零落落地掉落在地上……大概是这叶片飞舞的情景让孩子们找到了乐趣，他们边打边快活地叫着笑着，俨然忘记了一切。

　　我赶紧跑过去制止了这几名孩子，显然他们也知道自己错了，迎接我的眼神有些紧张和不知所措。

　　我打算和他们进行一次小小的谈话："来，孩子们，让我们一起来猜一猜——如果现在小树会说话，它会说什么？""它会说：'好疼呀！'""小朋友们，请不要这样！""我很难受！""请不要再这样打我好吗？""我们做好朋友吧！"……叽叽喳喳的，好像自己真的就是那棵小树了，孩子们脸上的表情也随着猜测而变得和小树一样痛苦和不快。

　　我又接着问："那你们还会继续吗？""不会啦！不会啦！""我们要爱护小树！""我们再也不打小树了！""我们天天给小树浇水，保护它。"……不知谁又补充了一句："小树是有生命的！""对，小树是有生命的，和人一样！""我们都要做小树的好朋友！"所有在场的孩子们都重复着这一句话。

　　接下来，孩子们开始提着小桶、端着水杯，为院子里的小树们浇起了水，就像照顾一个小小婴儿般细心。以后的日子里，再也看不到有谁抽打小树了，每天为小树浇水成了孩子们做值日的一项重要工作内容……

　　看着孩子们一双双清澈明亮的眼睛，我想：关爱生命，让孩子学会体验他人的情感，就是这样从一点一滴的小事情中汲取的宝贵精神财富吧。

　　在上述案例中，教师抓住生活中一个有利的教育契机，随机对孩子进行了一次"移情训练"，让孩子通过想象进行角色转换，去尝试体会对方（小树）的心

---

　　① 晓魅. 如果小树会说话——关于移情训练，2009-01-10http://blog. xxt. cn/showSingleArticle. action？artId＝712444.

理,在了解对方(小树)的需求与感受的基础上,进一步萌发孩子关心小树、爱护小树的情感,进而产生关爱小树的行为。

移情又叫感情移入,它是指一个人设身处地地站在别人的位置去理解他人的情感、需要及活动。学生情绪、情感发展的主要特点之一是其情绪的易感染性,因此,移情对发展学生的道德情感有重要的作用。首先,移情可使主体内部产生某种情感共鸣,从而成为推动学生品德发展的内在动因。其次,移情可以使学生摆脱"自我中心",从别人的立场、位置来考虑问题,产生利他思想,逐渐形成亲社会行为。最后,移情还可以使学生体会助人为乐、合作分享等带来的友爱与欢乐的情绪。

移情训练法是指教师或家长通过学生的现实生活事件或通过讲故事、情境表演等方式,引导学生设身处地地站在别人的位置考虑问题,使学生理解和分享他人的情绪、情感体验,从而与之产生共鸣的训练方法。移情训练的途径很多,主要有讲故事、编故事、生活情绪体验、情境表演等。比如续编故事,让学生在编故事的过程中去理解和体验故事主人公的情感和心态,学生在编的过程中已有了对故事中人物的理解与分享,在续编故事中发展了学生的想象力,也引导了学生的移情。

运用移情训练法应注意以下六点:第一,创设的情境应该是学生熟悉的社会生活,或者是符合学生的年龄特点,学生能够理解的,这样才能产生移情。第二,移情训练要通过换位,让学生去理解他人的情绪,并以自己本身的情感体验去感受、理解他人的情感需要,以唤起学生情感共鸣。第三,在移情训练中,要不断变换移情对象的身份,以训练他们对各种不同人物的移情,扩大移情的对象。第四,移情训练的目的是为了学生以后在社会生活中对他人的理解与共鸣,但不能只停留在对情况的理解和分享上,还应对他们进行良好的行为教育,形成良好的行为习惯,用学生形成的良好社会行为去关心他人。第五,在移情训练中,教育者要真心地与学生一起进行训练,不能成为局外人。教育者的移情能力和对待移情训练的态度能影响学生移情的效果,因为教育者的情绪具有很强的感染力,教育者加入到移情的训练中,会极大地感染学生。例如"邻居"活动中,李阿姨上夜班需要休息,小毛吵闹影响李阿姨休息,教师扮演李阿姨,表现出自己烦躁不安、生气的情绪,让学生思考"如果你睡觉的时候,别人大吵大闹,你心里觉得怎么样?"使学生把自己的体验与李阿姨的现实情绪联系起来,从别人的角度去体验其感受,引导学生对邻居有礼貌,要关心、体谅别人,在别人休息、看书的时候应保持安静等。第六,移情训练法应与角色扮演法、行为练习法等有机结合起来运用,才能取得良好的教育效果。

四、以行促情：角色扮演法

案例 3-5

模拟"泰山顶上一青松"[①]

　　幼儿在欣赏了《泰山顶上一青松》解放军英勇战斗的故事后，对故事中解放军的勇敢、坚强十分佩服，产生了很强的模仿欲望。

　　张月小朋友在小舞台里戴着解放军的帽子用积木搭的枪对着外面乱打，过了一会儿放下枪，脱掉帽子，趴下来，试图钻过障碍（挂有铃铛的绳子），冲锋陷阵，继续战斗，刚钻到肩膀，就听到铃铛响了，他回头看了一下没在意继续钻，由于屁股撅起，背紧贴着绳子，钻不过去，他似乎感觉没趣，倒退出来不想爬了。我说："小解放军很勇敢的，不怕难，你再试一次，注意不要碰到铃铛，否则被敌人发现，老师相信你一定能爬过去的。"于是，张月又趴下，当有铃铛声时，我又说："要被敌人发现了。"我示意他身体全部紧贴地面，只见张月完全靠两只手用力带动身体往前爬，头低下来，脸涨得通红，慢慢地终于爬过去了。我大大地表扬他像个小解放军，真勇敢，本领真大。张月露出了自豪的笑脸。

　　上述案例中，教师给学生创设现实生活中的某些情境，让学生扮演一定的社会角色，并在此过程中让他们亲自体验他人的角色，从而更好地理解了他人的感受和处境，体验了他人在不同情境下的内心情感。

　　现实生活中，每个人都处在一种或几种角色地位。学生从家庭来到学校，从家中的"小皇帝"、"小公主"变为群体中的普通一员，随着角色的转换，要求他们改变在家庭中养成的某些习惯做法，学会遵守集体生活中的行为规范，有利于成功地扮演学生在学校的角色，因此，角色扮演实际上就是儿童的一种学习过程。在日常生活中，教师要创设教育情境，引导学生进入角色，模拟社会生活，学着像所扮演的角色那样去感知和体验，有助于他们道德情感的发展。

　　角色扮演法就是一种引导学生担当别人角色的教育方法。它向学生提供各种以经验为基础的学习情境，通过人际或社会互动情境，再现学生现实生活中可能发生的人际或社会难题。它使学生以参与者或观察者的身份，卷入这种

---

　　① 季素琴，黄菊. 用京剧历史小故事培养幼儿道德品质的研究，2007-09-10http://research. eicbs. com/FileManager/WebUI/CommentResult. aspx？id＝149.

真实的问题情境中,作出相应的反应。而由扮演所引起的一系列言语或行动、理智或情感反应,又成为学生道德探索的直接经验。借助这些经验,学生可以去探索和识别自己及他人的思想、感情,洞察和理解自己及他人的立场、观点和内心感受,形成解决人际或社会问题的技能和态度。总之,角色扮演有助于培养学生对他人处境、需要、利益的敏感性,以及设身处地为他人着想的移情能力,有助于引导学生学习处理人际冲突、改善人际关系,有助于改变学生的态度。

视窗 3-3

角色扮演模式的结构序列

第一阶段: 使小组活跃起来	认定或提出问题;使问题明确起来;解释问题,探讨争端;说明角色扮演的经过。
第二阶段 挑选参与者	分析角色;挑选角色扮演者。
第三阶段 布置舞台	规定表演的行动路线;再次说明角色;深入到问题情境中去。
第四阶段 培训观察者	决定要注意什么;指定观察人物。
第五阶段 表演	开始角色扮演;继续角色扮演;中止角色扮演。
第六阶段 讨论和评价	回顾角色扮演的表演(事件、观点、现实性);讨论主要观点;设计下一次的表演。
第七阶段 再次表演	扮演修正过的角色,提出此后的步骤或行为选择的建议。
第八阶段 讨论和评价	同第六阶段。
第九阶段 共享经验与概括	把问题情境与现实经验同现行问题联系起来;探索行为的一般原则。

资料来源:黄向阳.德育原理.见丁证霖.当代西方教学模式.太原:山西教育出版社,1991:317

在运用角色扮演法时,应注意这几点:第一,教师创设的情境要使学生能够熟悉和喜爱,承担的角色必须为学生所认知和理解。第二,角色扮演要有针对性,要根据教育目标和学生社会性发展的水平来确定目标。第三,要充分发挥学生的主动性、积极性和创造性,尊重学生自主地选择角色、变化角色和创造角色,教师只能指导活动,不应经常去分配和导演角色。第四,学生扮演的角色应以正面角色为主,切忌让某几个学生经常扮演反面角色。第五,教育者尽量与学生平等地去扮演角色。第六,情节要简单,内容要短小、活泼;对话、动作要多,适于表演。

以上各种方法,作为单独一种方法进行分析研究时,它们是独立存在的,但实际上在整个道德情感发展过程中,它们之间是不可分割,有机联系的。很少单独使用一种德育方法,每一种方法都有它的优势和局限性,就如马卡连柯所说:"任何的教育方法,甚至像暗示、解释、谈话和公众影响等我们通常认为最通行的方法,也不能说是绝对有益的。最好的方法,在若干情况下,必然成为最坏的办法。"①因此我们要取得预期的教育效果,最好是通过方法的组合,如从视窗3-3勾勒的角色扮演模式中就可以看出,讨论法也在其中发挥重要作用。学校德育需要教师根据学生的道德发展水平和道德发展规律,灵活机动地使用各种教育方法,并把它们有机地结合起来,从而产生良好的德育效果。

拓展阅读

(1)檀传宝.德育原理.北京:北京师范大学出版社,2000.

该书是普通高等教育"十一五"国家规划教材、教育部高等教育司推荐教材。书中第七章结合外国的一些案例介绍了德育方法的分类、特点及应用等。文章末尾推荐的大量阅读文献,非常直观、生动,是其一大特色。

(2)黄向阳.德育原理.上海:华东师范大学出版社,2000.

该书是德育原理研究的一部著作。书中第六、七章分别介绍了德育手段和方法的使用。文中穿插了很多生动的案例和有趣的图片,富有艺术性,可读性很强,有助于我们有效习得培养道德情感的技能。

(3)唐汉卫,张茂聪.中外道德教育经典案例评析.济南:山东人民出版社,2005.

该书深入学生生活世界,充分挖掘和利用了学生的道德事件。通过对事件的分析和探讨,使理论与实践息息相通,切实推进了道德教育理论与实践的创新。颇有新意,令人回味。

反思与探究

(1)如果你或你的亲人是残疾人,在学习生活、工作中有许多不便,有人因此而取笑,你的心情如何? 你觉得,该怎样对待残疾人?

(2)"有个小学女教师最近很烦恼,因为自己担任班主任老师的二年级4班

---

① 马卡连柯著,刘长松等译.论共产主义教育.北京:人民教育出版社,1962:237.

有一个非常调皮的小孩,他在课上会作怪,常弄得小女生泪汪汪的,让班里的风纪股长对他恨之入骨,非常麻烦。她就请教别班的老师该怎么办,有个老师告诉她一个办法,就是让这个顽皮的学生担任风纪股长。她对这个办法到底有没有效,也是半信半疑,总之她还是试了这个办法,结果这位调皮的学生态度整个变了过来。上课时,如果其他小孩在讲话,他也会当场就叫那些小孩不要讲话,弄得老师只有苦笑的份了。"①试分析这位老师用的是什么德育方法? 如果你是这位老师,会采用什么方法?

---

① 黄向阳.德育原理.上海:华东师范大学出版社,2000:174.

第四章 道德行为的发展

【学习目标】

1.掌握观察学习机制。
2.了解亲社会行为的主要影响因素。
3.了解学生道德行为发展的年龄特征。
4.掌握培养学生道德行为的方法。

道德行为是指在道德意识支配下,由行为主体自觉选择而作出的有利于他人或社会的行为。道德行为的发展对促进个体社会化具有重要的作用,因此,学校道德教育不仅应该发展学生的道德认知和道德情感,还要注重培养学生的道德行为。而道德行为的培养是一项复杂的工程,只有以科学的理论为指导,在培养学生的道德行为过程中才能达到事半功倍的效果。班杜拉(Albert Bandura)及其同伴在大量实验的基础上提出的社会学习理论对培养学生的道德行为具有重要的指导作用。

第一节 道德行为的习得与产生

案例 4-1

英勇救人的大学生群体①

2009 年 10 月 24 日下午 2 时许,在荆州宝塔河江段江滩上的两名小男孩,不慎滑入江中。正在附近游玩的长江大学 10 余名男女大学生发现险情后,迅速冲了过去。因大多数同学不会游泳,大家决定手拉着手组成人梯,伸向江水中救人。

很快,一名落水男孩被成功救上岸,另一名男孩则顺着人梯往岸边靠近。就在这时,意想不到的一幕发生了:人梯中的一名大学生因

---

① 刘汉泽,王功尚.大学生结梯救人,三人英勇献身.楚天都市报,2009-10-25(1).

体力不支而松手,水中顿时乱成一团,呼喊声一片。这时,正在宝塔河100米以外的冬泳队队员闻声赶来施救,冬泳队员杨师傅、韩师傅、鲁师傅等人陆续从水中救起6名大学生,而陈及时、何东旭、方招等3名大学生却消失在湍急的江水中。

长江大学生勇救落水儿童事件发生后,教育部号召全国各地高校有效运用网络、报刊、座谈会和报告会等载体,积极学习他们英勇救人的先进事迹,同时长江大学生集体也被中央电视台评为"2009年度感动中国十大人物特别奖"。国家为什么要号召广大社会成员学习他们的见义勇为精神呢?这是因为学习榜样的道德行为对提高社会成员的道德水平,净化社会风气具有重要作用。树立榜样,要求学生模仿榜样的行为,这是学校道德教育中最常用的道德行为培养方法,社会学习理论也证明了这是一种确实可行的教育模式。

一、道德行为的习得:社会学习理论

传统的行为主义通过对动物的研究,提出刺激—反应(S—R)联结的强化、泛化等原理,主张通过外部刺激来塑造人的行为。从20世纪40年代以来,行为主义心理学家们开始对儿童之间的合作、竞争和攻击等社会行为进行研究,发现很多社会行为是通过观察和模仿别人的行为而习得的。而传统行为主义的强化理论已经不能很好地解释个体行为的这一习得方式,即儿童为什么会习得没有受到强化的行为? 面对这一问题,班杜拉及其同伴进行了大量的实验,并在此基础上提出了社会学习理论。社会学习理论最初在教育心理学领域引起学术界的瞩目,同时因其在道德研究方面也取得了显著成就,故在道德教育领域也成了不容忽视的一家之言。

社会学习理论的代表人物主要有班杜拉、希尔斯(R. Sears)、沃尔特斯(R. H. Walters)、米切尔(W. Mischel)、洛特尔(J. B. Rotter)等人,在他们中间最有影响力的当推班杜拉。

社会学习理论的内容非常多,主要包含三个内容:观察学习机制、榜样示范理论、模仿学习理论和行为发展的双向决定论。

（一）观察学习:一种有效的学习方式

观察学习作为一种有效的学习方式,主要认为行为是可以通过观察而习得的,它的机制包括注意—保持—动作再现—动机四个过程。

1.行为可以通过观察习得

斯金纳(Brian Skinner)的操作性条件反射理论认为,儿童要习得某一行为,必须先表现出一个行为反应,在这个反应受到强化后才能习得。而班杜拉经过研究发现,儿童获得某一行为的机制与行为主义的结论不尽相同。他认为,儿童行为的获得不需要直接参与就可以完成,学习者可以通过观察榜样的刺激与反应而获得某一行为,即儿童可以在从未尝试过或受到任何强化的情况下,仅凭观察榜样的行为就能习得某一行为。

案例 4-2

攻击性行为学习实验①

20 世纪 60 年代初,班杜拉与其他人合作进行了一项实验。实验选择 3—5 岁的儿童共 72 名,男女儿童各占一半。首先把 72 名儿童分为三大组:

第一组为攻击型榜样组,男女儿童各 12 名;

第二组为温和型榜样组,男女儿童也各 12 名;

第三组为不提供任何榜样的正常情境组,男女儿童各 6 名。

分完组后便开始实验。实验室内的墙壁布置着一些鲜花和动物的图画。室内一个角落堆放着一个充气娃娃和一些修理玩具的木椎等工具。儿童被实验者逐一带进实验室。

第一组儿童被带进实验室时,看到室内做示范的成人榜样在整理工具,然后走到充气娃娃旁边,用工具对娃娃进行敲打、辱骂。在"打它脑袋"、"打它鼻子"、"把它扔出去"等骂声的伴随下对充气娃娃进行拳打脚踢,表现出明显的攻击行为。

第二组儿童被带进实验室后,看到做示范的成人榜样在整齐地摆放工具,对充气娃娃没做任何理睬。

第三组儿童则根本没有被带入实验室,照常在一般情境中游戏。

实验者在间隔约 20 分钟之后把儿童带到另外一间带有玩具娃娃和工具的房间,让儿童随意游戏。实验者透过单向玻璃观察到,第一组儿童由于看到榜样攻击布娃娃的行为,表现出比第二组和第三组都要多的攻击性行为。

班杜拉及其同伴除了运用上述方式研究儿童攻击性行为的获得外,还通过让儿童观看有关攻击性行为的电影等方式对他们的攻击性行为习得进行研究。在这些实验的基础上,他们发现儿童通过观察榜样很容易习得其行为,即在没有接受"反应—强化"的情况下,儿童也能获得榜样的行为。

班杜拉认为,我们一生中形成的大多数习惯都可以通过观察和模仿别人的

---

① 袁桂林. 当代西方德育教育理论. 福州:福建教育出版社,1995:209—210.

行为而习得。因此,观察学习在个体行为的发展过程中起着重要作用。其原因在于:首先,观察学习比试误说学习更有效。当观察者通过观察榜样行为学习时,他们可以避免自己去尝试学习同样技能和能力时出现的不必要错误。因此,在现实生活中,父母通过向年幼的孩子演示某一行为可以很容易引发孩子行为的改变。其次,对于一些很难习得的复杂技能或行为,儿童通过观察榜样的行为便很快就能习得。再次,观察学习是儿童在自寻乐趣的过程中进行的,在这种环境下比在强制性的环境下更有利于儿童行为的习得。

2.观察学习的机制

社会学习理论认为,榜样行为的获得发生在观察者作出榜样行为并受到强化之前,学习者在观察榜样的过程中将榜样的行为转化为符号,贮存在他们的记忆中,以便日后被提取并指导他们再现榜样的行为。观察学习的这一过程包括四个相互联系的组成部分:注意过程、保持过程、动作再现过程和动机过程。

(1)注意过程

注意榜样的行为是观察学习的第一步,观察者的行为会发生什么样的变化取决于注意过程中对榜样行为的筛选和确定。班杜拉认为,观察者的心理特征、榜样的活动特征和观察者与榜样的关系是影响个体注意榜样行为从而加以模仿的重要因素。年幼儿童主要是注意那些亲近的、温柔的、照顾他们的有能力有权利的人。5岁至10岁的儿童倾向于模仿同年龄或较年长的榜样,而不爱模仿年龄小的孩子,因为他们相信小孩子不如他们有能力。达到发展的某个里程碑也会影响儿童对榜样的选择。人成熟以后,喜欢那些与他们有相同特征的榜样:如相同的职业、相同种族中的朋友和人们。虽然人们在成长的历程中对榜样的选择总有一定的局限,但是人一生中始终存在通过观察别人的行为而进行的学习。

(2)保持过程

要使榜样行为对学习者的行为发生影响,学习者还必须记住榜样的行为,即将其保持在头脑中。班杜拉认为,观察者是采用两种方式来保持榜样的行为:一是表象表征系统,即观察者简单地形成可提取的、他们见到的行为的感觉形象。二是言语表征系统,即观察者将看到的榜样行为转化成简单的语言信息储存在大脑中,以便日后对行为进行指导。言语表征非常重要,它能够使观察者保持那些用别的办法难以记住的信息。

(3)动作再现过程

动作再现过程是将记忆中的动作观念转换为行为,这是观察学习的中心环节。动作再现过程主要包括动作的认知组织、实际动作和动作监控三步。动作的认知组织就是将大脑中的动作观念提取出来并加以组织;实际动作就是将认知组织的动作表现出来;动作监控是对实际动作进行观察和纠正,它分为自我监控和他人监控两种。观念在第一次转化为行为时很少是准确无误的,所以仅仅通过观察学习,技能是不会完善的,需要经过一个练习和纠正的过程,这样动作观念才能转换为正确的动作。

(4)动机过程

动机是推动人行动的内部动力。动机过程贯穿于观察学习的始终,它引起和维持着人的观察学习活动。观察者的动机来自过去别人和自己在类似行为上受到的强化,包括替代性强化、直接强化与自我强化,其中前两种属于外部强化,第三种属于内部强化。替代性强化是班杜拉提出的一个非常重要的概念,指观察者因看到榜样受到强化而在观察者身上引起的间接强化作用。例如,学生看到有的同学因认真完成作业得到教师的表扬,也产生同样行为的倾向;反之,看到有的同学因撒谎受到处罚,自己就会避免那样做。直接强化就是学习者行为本身受到强化,例如,教师对取得优秀学习成绩的学生进行表扬。自我强化依赖于社会传递的结果,社会向个体传递某一行为标准,当个体的行为超过了这一标准时个体就进行自我奖励,这就是所谓的自我强化。例如,学期伊始,学生为自己设定这一学期的目标,学期结束后,学生若超过了其设定的目标就对自己进行自我奖励,这就是自我强化。

这四个过程是紧密联系不可分割的。在任何情境中,一个观察者不能重复榜样的行为很可能是由于下列原因:没有注意有关活动,记忆中无动作观念,没有能力去操作或没有足够的动力等等。

(二)榜样示范:生活中的老师

榜样学习或观察学习是学习者通过观察他人的行为或行为的结果而发生的一种学习。这类学习是人们常见的学习方式,学习时学习者不必直接做出行为反应,也不需要亲自体验,而仅仅通过观察榜样的行为就能习得相应的行为。正如班杜拉所言:"大部分的人类行动是通过对榜样的观察而习得;即一个人通过观察他人知道了新的行动应该怎样做。"[①]所以,社会学习理论非常强调榜样的示范作用,整个观察学习过程就是学习者通过观察榜样的示范而进行的。班杜拉把示范分成如下几类:

1.行动示范

行动示范是指通过榜样的行动来传递行为的方式。班杜拉指出:"绝大部分观察学习发生在日常生活中对人行动偶然或有意观察的基础之上。"可见他人的行动示范是一种非常普遍的示范,无论是对动作技能的习得,还是对行为

---

① 班杜拉.社会学习理论.长春:吉林教育出版社,1988:22,39,40.

习惯的养成,学习者都可以通过接受他人行动(行为、动作)传递的信息而实现学习。因此,行为示范具有不可忽视的作用。

2. 言语示范

言语示范是指通过榜样的言语活动传递行为、技能的方式。如根据教师的讲解学习定理和法则的应用,依靠说明书学习机器的操作技术,通过报纸学习先进人物的行为方式等等,都是言语示范。班杜拉指出:"随着言语能力的发展,言语示范作为常用的反应指导样式逐渐取代行动示范。"①因此,言语示范在人的学习中应用范围广,具有特殊的意义。

3. 象征性示范

"象征性示范"是指通过"电视、电影及其他视觉宣传工具所提供的丰富多样的示范"。②象征性示范与实际的动作、言语示范相比有许多优越性。例如,象征性示范不受时空限制,可以把一个行动的行为模式同时传递给不同地方的数人,不受个人所能直接接触的较小生活环境的限制;象征性示范还可以反复呈现人们喜爱的示范内容,不论什么时间都能够随心所欲地在与计算机相连的电视机终端上观察想看到的活动。因此,象征性示范有明显的优越性。

4. 抽象性示范

抽象性示范是指通过榜样的各种行为事例,传递隐藏在行为事例背后的道理或规范的方式。就是说,儿童在道德榜样的影响下,往往不是直接模仿具体的示范行为,而是把榜样多种多样行为背后隐藏着的共性东西抽取出来作为自己的道德判断标准,以便再应用到新的具体情境之中。例如在教学过程中,教师按照某个或某些定理、公式在黑板上演示几道例题后,学生总结出这些例题所包含的共同规律,并按照这一规律解决同一类型的问题;在日常生活中,学生常表现出按照助人为乐或者诚实守信的道德规范来约束自己的行为,等等。这些都是抽象性示范的典型事例。

(三)模仿学习:一种有效的学习方式

模仿学习是指学习者通过模仿榜样的行为而获得相应行为的一种学习方式。在个体的成长过程中,模仿学习是一种非常重要的学习方式,特别是在动作技能的学习过程中。班杜拉认为,模仿学习有以下几种:

1. 参与性模仿

参与性模仿是指把观察和模仿结合起来以提高学习效果的模仿学习方式。先观察榜样的示范,并立即让观察者进行实际的尝试性模仿操作,这种"观察—模仿—再观察—再模仿"的学习形式,可以使观察学习与直接学习有机地结合

---

①② 班杜拉.社会学习理论.长春:吉林教育出版社,1988:22,39,40.

起来,从而提高学习效果。例如,在学习游泳等复杂运动过程中,学习者在观察榜样的行为过程中,有意识地做相同的动作,通过多次的观察与参与,不断缩小与榜样行为动作的差距,最终掌握游泳的技能,这就是参与性模仿。

2.创造性模仿

创造性模仿是指学习者在观察各种榜样的过程中不是仅仅模仿一个示范的行为,而是吸取多个榜样示范中的多种信息,更新组合后,构成不与任何一个榜样完全雷同的学习者自己的行为。即"人们把不同榜样的各个方面组合成一个与哪一个榜样都不同的新的混合体"①,如一个刚从师范院校毕业的教师,他的课堂教学模式,往往是从母校几位教师的教学方式中习得的,而又不与任何一位老师完全相同。这种新的行为模式凝结着创造性,而这种创造性的土壤却存在于各个榜样的示范之中。

3.延迟模仿

在观察情景下,观察的儿童并没有模仿榜样的行为,同时也没有对榜样或者是观察的孩子进行强化,但是几天后,几周后甚至几个月之后,观察的孩子却表现出榜样的行为,这就是延迟模仿。延迟模仿的事例在儿童身上普遍存在。例如,许多小男孩都见过他爸爸刮脸并且在以后他爸爸不在场,没有可观察的榜样的情况下会比划着自己刮脸。又如少儿时看到家长酗酒不以为然,等到长大以后有钱时也像家长那样挥霍饮酒。这些实例均可解释为延迟模仿或延迟示范。延迟示范在道德教育中的作用虽然不是立即显露的,但也不可忽略。延迟示范理论正如人们常言的"十年树木,百年树人"的道理一样,告诫我们教育人是个长期的复杂过程,不能期望一蹴而就。

(四)行为的双向决定过程:为与不为

班杜拉学术生涯晚期提出了行为双向决定论(reciprocal determinism)概念。他认为有三类因素影响人的行为,即环境(资源、行动结果、他人和物理条件)、个体(信念、期望、态度和知识)和行为(个体行动、选择和语言表达)。他认为这三类因素互为因果,任何两者都具有双向互动和决定关系。如图4-1。

例如,甲同学考试作弊,乙同学发现了他,乙同学觉得应该告诉老师(个体的内在判断),但是甲同学经常会在别的同学欺负乙时保护乙(环境),在这一外部诱因的作用下,乙同学决定包庇甲同学的违纪行为(行为);反过来,如果甲知道了乙同学发现他作弊时没有告诉老师,在乙同学有困难时,甲同学就会更加尽全力地去帮助他,而乙同学也会进而包庇甲同学的违纪行为。在这一例子中,是外因改变了乙同学的行为,如此循环。这就是班杜拉的双向决定论。

---

① 班杜拉.社会学习理论.长春:吉林教育出版社,1988:49.

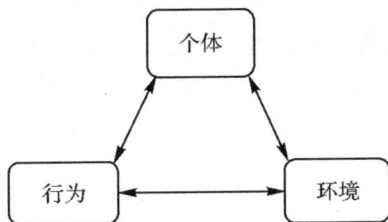

图 4-1　个体、人的行为和环境的双向作用过程

当然,环境并不具有必然刺激人的固有特性,环境仅仅是一种潜在的可能性,它只有被人的适当行为所激活,才能变为现实。行为不仅可以通过选择性的激活,调节环境的影响,而且能在一定程度上创造环境条件。总之,社会学习理论把个性和社会性发展看成是儿童与环境之间联系的双向互动。儿童所处的情境或环境无疑影响着他们,他们的行为又反过来影响环境。这种双向互动的意义在于儿童积极投入到影响他们成长和发展的环境中去。

二、道德行为的产生:亲社会行为研究

在我们的社会生活中,处处可见帮助人的现象。从指路扶老携幼,义务献血,到见义勇为与歹徒搏斗,抢救遇难儿童,甚至为此付出宝贵的生命。同时我们又看到,有些人对处于困境的他人抱着冷淡的态度,为了个人利益而对受困者的生命熟视无睹。

案例 4-3

舍己救人的女教师

2008 年 5 月 12 日,四川发生里氏 8.0 级特大地震。在地震中,袁文婷老师拯救了 13 名学生后,被压在倒塌的教学楼下。当晚 10 点多被搜救队员发现时,她的身上压着一块厚厚的水泥板,怀里还藏着一名已经死去的学生。袁文婷走了,但在众多网友心中,她是世上最美的女孩。如今,网络中到处流传这样的帖子:"如果有天堂,那么,袁老师一定会在天堂里带着跟她一起离去的孩子,学拼音、念歌谣……袁老师,你是世界上最美的女孩!"

见死不救的船主

2009 年 10 月 24 日,长江大学的几名大学生在救落水儿童的过程中,由于体力不支,人梯散了,九名大学生落水。附近几名六十来岁的

冬泳队员救起六名大学生后,其他三名大学生溺水死亡。在溺水处附近有两条渔船,船上有几位渔民,但没一个人对溺水大学生进行施救,船主还狂言:"当时老板说了,活人不救,捞尸体,白天每人 12000 元,晚上 18000 元,一手给钱一手捞人"。

由案例可以看出,不同的个体对突发情况采取了两种截然相反的态度,面对受害者有些人的袖手旁观行为引起了社会的反思,同时也引起了社会心理学家的极大关注,使"亲社会行为"成为心理学研究的一个热点。

(一)亲社会行为概述

亲社会行为(prosocial behavior)是指人们在社会生活中表现出来的互助、合作和共享等对他人有利或对社会有积极影响的行为。大部分亲社会行为都是道德行为。一般认为亲社会行为包括利他行为(altruism behavior)和助人行为(helping behavior),其中助人行为要比利他行为的外延大。利他行为是指以帮助他人为唯一目的,不求任何回报的行为,即所谓的"无私奉献"。助人行为可以是带有一定个人目的和利益倾向的行为,如为了获得社会赞许,获得报酬而实施的助人行为。在社会心理学中,有时候也把这几个概念等而视之。

个体的品德发展与其亲社会行为具有密切的关系,在道德研究中,很多情况下会把品德发展与亲社会行为的发展结合起来,个体的品德是亲社会行为的重要组成部分,并通过特定社会生活条件下的亲社会行为表现出来。学生的亲社会行为的发展不仅是学生个体社会化的重要组成部分,还是个体道德水平提高的重要标志。

学龄儿童进入学校后,社会生活环境发生了重大改变。社会认知学派强调认知发展对亲社会行为有重要作用,同时强调随着同伴交往在时间和数量上增加,亲社会行为的特点和行为方式也会相应发生变化。学龄儿童指向成人的亲社会行为具有服从、赞同和避免惩罚的特点,而指向同伴的亲社会行为更多的表现出合作、互惠互利等特点。实际上随着年龄的增长,儿童亲社会行为的工具性特点逐渐减少,利他的行为动机逐渐发展并占主导地位。具体表现为以下几点:

首先,随着年龄的增长,儿童的行为与认知的一致性逐渐增加,即道德行为和道德观念更趋于一致。小学儿童道德认知和道德判断能力提高,直接或间接地影响其亲社会行为的发展,呈现正相关。从亲社会行为的动机来看,奖励取向的动机不断降低,利他取向动机逐渐增多,亲社会行为的发展越来越符合社会道德规范的要求。

其次,青少年群体中不同类型的亲社会行为具有一定的差异①,发展的水平从高到低依次为谦让、助人、分享、合作。研究者认为,这种差异主要是由于个体心理发展水平和各种类型亲社会行为的性质造成的。从个体心理发展水平看,青少年群体正处于精力相对旺盛、能力急剧提高并渴望同伴交往的发展时期,因而在集体环境中乐于也有能力表现出较多的助人行为。同时,由于谦让行为是个体在日常生活的许多场景中比较容易做到的,因此其发生频率也较高。而分享与合作行为的表现在亲社会行为的动机体系中更多地偏离自我利益,这需要个体作出更多的努力才能完成。因而,其相对于其他行为发生的频率较低。

再次,成人期各方面的发展已趋于稳定、成熟,个体社会化过程基本完成,同时也掌握了比较完整的社会认知技能,亲社会行为的表现形式更为多样,更为高级,与儿童表现的亲社会行为相比,成人的亲社会行为更关注社会,更多地体现社会取向的标准。

(二)亲社会行为的影响因素:什么时候人们会助人

案例 4-4

七旬老人摔倒居民忙送衣就是不敢扶②

据南京晨报报道:2010 年 2 月 2 日,南京建邺台园小区,一位七旬老人不慎滚下台阶受伤,瘫坐在地上动弹不得,口中不停发出痛苦的呻吟声,她全身上下衣着破旧不堪,脸和双手严重浮肿,身旁有一根手杖。不少好心人前来帮忙,有的打电话报警,有的拿来棉衣给老人披上,还有的问老人愿不愿去医院……但周围不少小区居民都躲着老人好几米远,无一人上前帮扶老人,甚至现场还有人"善意"提醒:"别去扶,当心做好事却成了被告"。

道德行为是个体面对他人处于困难情境中,自觉自愿、不求回报的施予的一种助人救难行为,即所谓的"该出手时就出手"。然而我们常常在报纸上或新闻中看到这样的故事:旁观者们目击了整个突发事件的经过,却没有人施以援手。在上述案例中,许多围观者面对摔倒的老人不敢上前帮忙扶起,除了案例中提到怕麻烦缠身("成被告")之外,还有什么原因导致了群众的"看客"心态?社会心理学研究发现,施助人何时表现出助人行为,受到助人者所处环境、旁观者的数量及与被助者的关系等因素的影响。

---

① 王丽,王庭照.青少年亲社会行为研究.当代青年研究,2005(11):51—53.

② 卢斌.七旬老人摔倒居民忙送衣就是不敢扶.南京晨报,2010-2-4(2).

1. 环境：乡村还是城市

假设你正骑着自行车，在掠过一个街角时，自行车的前轮撞进了一个坑洼，把你从扶手上摔了出去。你晕眩了一会儿，然后你感到肩上一阵刺痛。你摔断了一根骨头，并且无法起身自助。现在考虑这样一个问题：你宁可在哪里发生这样的事故——在一个乡村小镇的主干道还是在一个大城市的繁忙街道上呢？在哪里过路人更有可能帮助你呢？

如果你选择乡村，你正确了。这不是由于小镇的居民内化了价值观或者周遭的环境决定了小镇的居民有更多的助人行为，而是因为人口的密度（每平方公里的人口数目）越大，人们助人的可能性越小。换言之，在一个挤满许多人的小地方比在相同数目的人分散在一个大地方，应该有更多的刺激。因为，在城市中的人经常被刺激所轰炸，使得他们独善其身以避免被信息淹没，这就是城市过载假说（urban overload hypothesis）①。城市中的拥挤和喧闹可以如此强大，对人的刺激如此之多，以致于对很多突发事件、困难情境司空见惯，因此即使富有同情心的、利他的人也会变得很少的施予助人的行为。

2. 旁观者数目：旁观者效应

案例 4-5

责任扩散现象②

1964 年 3 月 13 日凌晨，一位妇女在纽约市被谋杀了。这位妇女的名字叫 Kitty，她的工作是酒吧管理员。当时她正下班回家。当她从停车场穿过街道回到她住的公寓时，一个拿着匕首的男子逼近她。她开始逃跑，但是男子赶上并揪住她，并且用匕首刺她。她大声呼救，许多公寓的灯都亮了，人们从窗口探出头来看看究竟发生了什么事。这名攻击的男子准备离开，但当他看到没有人过来帮助受害者时，他又回过头来刺杀这位妇女。她又尖叫起来，他猛捅了几刀，直至她死去。后来的调查显示有 38 位目击者看见和听见了这次可怕的持续了45 分钟的袭击，但是没有人出来提供帮助，或者向警署报案。

旁观者在这次事件中拒绝提供帮助的行为，引起了社会的广泛关注。人们总是认为，过去的人是多么友善，而现代社会有些地方出了问题，使人们变得如

---

① ［美］Elliot Aronson，Timothy D. Wilson，Robin M. Akert. 社会心理学. 侯玉波等译. 北京：中国轻工业出版社，2007：316.

② ［美］巴伦，伯恩. 社会心理学. 杨中芳等译. 上海：华东师范大学出版社，2004：499—500.

此的冷漠。现在我们仔细回想一下,如果人们真的变化了,为什么还有长江大学生的见义勇为行为?这两种不同的行为引起了许多研究者的深思。研究发现,恰恰是由于旁观者的存在,才导致了助人行为的缺失。研究者认为,紧急事件发生时,现场旁观者的数量影响了突发事件中亲社会行为反应的可能性。当旁观者的数量增加时,每一个旁观者提供帮助的可能性就相应的减少,即使他们采取了反应,反应的时间也会延长,这是责任扩散现象。也就是说,在一个突发事件中,旁观者们共同承担责任。如果旁观者越多,他们每个人所承担的责任就会越少。如果现场只有一个旁观者,他或她就承担全部责任,如果有两个旁观者,每个人就承担 50%的责任;如果有 100 个人在场,那么每个人就只要承担 1%的责任了。[①]　正是由于责任扩散导致了助人行为的不发生。

3. 关系的性质:共有还是交换

"共有关系是指在这种关系中,人们对他人的需求做出回应。"共有关系中,人们并没有希望自己的付出会得到回报。在日常生活中发生的大多数助人行为都是在互相熟悉的人之间,即共有关系,如家庭成员或亲近的朋友。"交换关系是考虑公平关系,即你在这个关系中所投入的等于你从中得到的。"[②]在交换关系中,人们只有当助人时有即刻的收益时才会做。换言之,人们实施助人行为希望得到回报。在日常生活中,当人们彼此很熟悉的时候,与即时利益相比,人们更关心助人的长时收益。例如,当父母决定帮助孩子的时候,他很少考虑:"孩子们到底现在能为我做些什么?"也就是说,在共有关系中的人们较少考虑他们会得到什么好处,而更多是为了满足受助者的需要;在交换关系中,人们实施救人行为希望能得到相应的回报,这一般发生在陌生人之间。因此,在大多数情况下,我们更可能帮助与我们具有共有关系的朋友或亲人(即使当时对施助者没有任何好处),而非交换关系中的同伴。

当然,除了这些外部因素(如环境、旁观者的人数、与需要帮助人的关系)以外,助人者的情感态度、人格特质等内部因素也是影响亲社会行为的重要因素。有研究者认为,内疚可能导致更多的善行,因为内疚是一种痛苦的情绪,为了减轻痛苦,恢复被动摇了的自我形象,或者试图恢复积极的公众形象,人们往往作出助人行为,以"赎回"失去的东西。[③]　也有研究者发现具有强烈的社会动机,相信自己对事情有影响力,有适合于情境需要的特殊能力的人也可能表现出更多

---

① 　[美]巴伦,伯恩. 社会心理学. 杨中芳等译. 上海:华东师范大学出版社,2004:501.

② 　[美]Elliot Aronson,Timothy D. Wilson,Robin M. Akert. 社会心理学. 侯玉波等译. 北京:中国轻工业出版社,2007:295,321.

③ 　Carlsmith J. M. & Gross A. E. Some effects of guilt on compliance. *Journal of Personality and Social Psychology*,1969(11),232—276.

的助人行为。^①

（三）道德行为的产生过程

道德行为的形成要经过一个连续而有阶段的心理过程。美国社会心理学家拉塔奈和达利（Latane & Darley,1968）于 20 世纪 60 年代对亲社会行为进行实验研究,认为个体面对紧急情况时,是否采取助人行为,大致经历五个认知阶段,如图 4-2 所示。

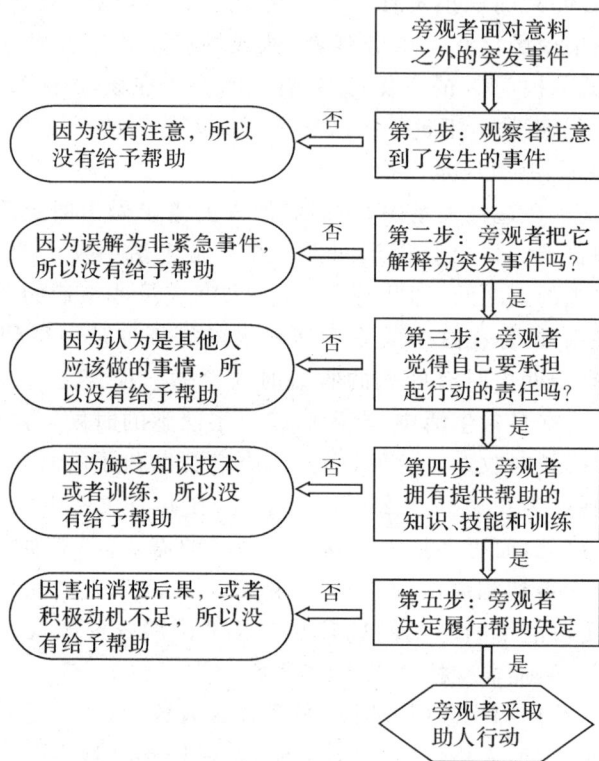

图 4-2　紧急情况下道德行为决策五阶段认知模型

Latane 和 Darley(1971)将亲社会行为概念化为五个基本步骤——这五个选择点导致人们在突发事件中选择反应或者不予反应。在每一步中,选择都是有两项组成:(1)不反应;(2)进入下一个步骤。

（资料来源:[美]巴伦,伯恩.社会心理学.杨中芳等译.上海:华东师范大学出版社,2004:505）

---

① Staub E. Positive social behavior and morality:Socialization and development. N Y:Academic Press,1979.

具体地说，个体是在对一定的道德情境认知的基础上，根据自己的道德评价标准作出道德判断，进而进行道德抉择。然后，在道德抉择的基础上将道德意向转化为道德行为。

首先，解释道德情境，作出道德判断。个体的道德行为发端于对道德情境的认知，一定道德情境中的人或事引起个体的注意，个体便对面临的道德事件进行解释，道德情境能否引起个体的关注与个体的道德敏感性有关。道德敏感性低的人，道德情境难以引起他的注意；而道德敏感性高的人，道德事件容易引起他的关注，容易捕捉到面临情境中的道德信息，能够体察道德情境中他人的情绪反应。

其次，权衡利弊得失，作出道德抉择。个体对道德情境进行认知解释，作出道德判断后，并非必然导致某种道德行为的产生，即并不是个体认为应如何做，便会产生相应的行为。一般情况下，个体总是在对道德情境进行认知的基础上，权衡得失，然后作出道德抉择，产生一定的道德行为。

再次，选择行为方式，产生道德行为。就是说，个体作出道德抉择，产生道德意向并付之于实践活动中，内部道德动机便转化为外部的道德行为。个体在权衡得失作出道德抉择后，便产生了相应的道德意向。当一个人产生某种道德动机并准备付之实践时，面临的问题已不是想不想做而是怎么样做，这便涉及道德行为方式的选择。并非有了道德动机便会达到预期的效果，只有个体掌握了恰当的道德行为方式并且具备一定的行为能力，才有可能达到动机与效果的统一。

第二节　学生道德行为发展的年龄特征

目前，随着社会的发展，未成年人的思想道德和思维方式正在发生深刻的变化。为了适应新形势、新任务的要求，必须全面了解青少年的道德行为发展特点，提高未成年人思想道德素质。通过分析可以看到，中小学生道德行为的表现与道德认知水平并不是完全对应的。通常低年级学生能够表现出良好的道德行为，这说明他们对道德规则有了一定的了解和较高的认同度，并能够努力践行道德准则。然而在青少年期却出现道德行为与道德认知相脱离的现象，对于这种现象很难用道德下滑来解释。比如，这一年龄段的学生常出现为同伴隐瞒不道德行为，即当同伴特别是好友做了一件违反道德准则的事，小学低年级学生可能会马上告诉老师，但小学高年级以上的学生，绝大多数选择替同伴隐瞒。高中阶段，学生的行为习惯趋向稳定，高中生一般都已经能够主动地作出道德行为，而且相对比较稳定，改变行为习惯的可能性越来越小。

一、小学生道德行为发展特点

学龄前儿童及小学低年级阶段的儿童,他们的思维能力的发展处于"前逻辑思维"或"无逻辑思维"阶段。"心理学家莫伊曼(E. Meumann)认为:个体真正的逻辑思维要到 12—14 岁才能做到。"[1]即此阶段的儿童进行的是直觉行动思维,这种思维的概括程度很低,它只能概括事物的一些外部特点;同时这种思维与行动紧密联系,思维对行动的计划调节作用还很差。因此,小学低年级的学生的道德认知与道德行为具有一致性。随着个体年龄的增长,虽然学生自我控制能力有很大的提高,但仍相对不成熟,因此在小学高年级的学生中经常会出现道德认知与道德行为不一致。从发展的视角来看,小学阶段是个体道德行为发展的重要转折期。例如,我国学者对儿童利他行为发展的研究表明,[2]利他行为观念发展的转折期是 10 岁左右:分享观念的转折期在 7—9 岁之间,而分享行为和助人行为发展的转折期是在 7—8 岁之间;道德行为习惯发展的关键期是在 9—10 岁之间;小学生自我控制能力发展的转折期在 7 岁,此后,随着他们年龄的增长,自我控制能力虽有提高,但总体上呈现一种"高原现象"。因此,如果我们的小学教育不能根据学生的这些发展特点进行教育,或者只关注道德知识的灌输,就可能把学生培养成真正知行不一的两面人格。

(一)道德行为的可塑性大

据一些研究表明[3],整个小学阶段,儿童品德的可塑性非常大。低年级还没有形成必要的道德行为习惯,四年级以后逐步养成初步的道德行为习惯。但从总体来看,小学生的道德行为习惯还不稳固,容易变化。例如,北京市"小学生行为习惯系列化实验课题组"的研究,其中包括 6 项研究道德行为习惯:守纪律习惯、待人习惯、劳动习惯、爱护公物习惯、关心集体习惯和课外活动习惯。课题组共调查了 3220 名小学儿童。调查结果表明,小学生的行为习惯处于初步形成阶段,多数项目都没有过半数形成行为习惯,特别是关心集体、爱劳动、自觉遵守纪律三项品德指标,形成行为习惯的仅仅只有 30%左右。对劳动习惯较差的现象,研究者进行了深入地分析,在家中能自理生活的,如收拾被褥的只占 26.4%;参加家务劳动,如洗碗的只有 13.2%。也就是说,小学生缺乏自觉劳动的习惯。由于劳动习惯差,随之而来的便是不爱惜劳动成果,能注意节约的占 44.3%,还有 27.3%的学生不爱护公物。

---

① 朱智贤.儿童心理学.北京:人民教育出版社,1980:183.
② 杨韶刚.道德教育心理学.上海:上海教育出版社,2007:98.
③ 林崇德.品德发展心理学.上海:上海教育出版社,1989:348—351.

(二)道德行为习惯发展呈"马鞍形"

研究发现[1]，小学儿童道德行为习惯发展是呈"马鞍型"，即低年级和高年级的道德行为习惯较好，而中年级较差。低年级儿童的道德行为是一种依附性很强并受"家长和教师权威"影响的行为，这种行为习惯具有不稳定性。随着小学生独立性和自觉性水平的提高，三、四年纪儿童就会因为破坏了原有的道德行为习惯而导致行为习惯水平下降，如果能够及时纠正，到高年级时，儿童的道德的行为习惯就具有一定的自觉性和稳定性。显而易见，整个小学阶段，尤其是小学中年级阶段是培养道德行为习惯的最关键时期。

(三)道德行为发展存在性别差异

有研究表明[2]，男女儿童在小学阶段的道德行为的发展存在一定的区别，而且这一特点一直保持至成年。当前越来越多的研究支持性别会对道德行为的发展产生影响的观点。这方面的研究表明，在儿童期，男孩比女孩更倾向于使用道德规范、运用攻击行为来表现自身的强大，更具有竞争性；而女孩比男孩则更容易受情绪困扰，更关注他人和自身的内心感受。但目前关于性别因素起作用的具体年龄阶段仍然存在争论。之所以如此，可能与不同研究采用的方法、被试的文化背景、家长的教育和经济情况不同等因素有关。

儿童道德行为的发展存在性别差异是由以下原因造成的。首先，不同性别儿童内化道德认知形成道德行为的水平存在差异。科汉·斯卡(Kochan-ska)等人发现，在儿童早期，与男生相比，女孩表现出更高水平的内疚感和移情，而这些都与道德行为的发展有着密切关系。[3] 其次，家长对不同性别儿童采用不同教育方式，这反过来可能影响不同性别儿童对父母教育信息的内化以及问题行为的表现，从而使道德行为的发展出现性别差异。再次，不同性别儿童在问题行为的发展轨迹上存在差异。随着年龄增长，相对于男孩而言，女孩出现问题行为有逐渐减少或者不再恶化的趋势。问题行为的性别差异在儿童达到入学年龄后开始稳定，并且一直维持到青春期。进入青春期以后，女孩的心理问题逐渐增加，最后甚至超过了男孩。

二、初中生道德行为发展特点

品德心理发展是初中生道德社会化发展的一个重要方面。我们知道，初中阶段的少年正处在人生发展的又一个重要转折关头。此时他们的心理活动不

---

①　杨韶刚. 道德教育心理学. 上海：上海教育出版社，2007：90.

②　陈新葵，张积家. 儿童道德行为发展中的性别差异. 广东外语外贸大学学报，2008，19(3)：71—74.

③　Kochanska, G, DeVet K, Goldman, M. et al. Maternal reports of conscience development and temperament in young children. *Child Development*，1994：65，852—868.

仅表现出与童年时期大不相同的特点,与成人也有很大不同。概括地说,少年期道德行为发展表现出如下特点:

（一）道德信念开始支配道德行为

从小学高年级开始,少年儿童就开始形成一些基本的道德观念。由于教育的作用,大多数少年儿童都已经从道德上懂得,应该自觉地按照一定的道德准则来调节自己的行为。虽然他们还没有形成坚定的道德信念,但已经出现初步的道德信念萌芽,作为支配人的内在道德动机。作为推动道德行为的重要心理成分,道德信念的地位和作用变得越来越重要。同时,随着年龄的增长,少年儿童的自我意识日益明显。这里所谓的自我意识已经不是简单的知道自己的生理和外部特征,而是有了更深刻的理性成分。他们开始追问"我是一个什么样的人","我要成为什么样的人"等等。如果道德教育方法适当,少年儿童就能很好地获得符合社会要求的道德规范,从而形成一些稳固的道德行为习惯。

（二）道德行为习惯有很大发展

与小学生相比,初中生的道德行为有很大发展,但在具体的行为表现方面存在很大差异。例如,初中生的有些行为是不稳定的、有条件的,这种行为就是尚未形成习惯的行为。而有些行为则不论好坏,都是无条件的、自动的和相对稳定的,因而是一些已经成为习惯的道德行为。一般地说,如果在小学阶段教育得当,到初中时,他们应该已经形成基本道德行为习惯。但是,由于社会发展的多元性,很多新的东西不断涌现,在面对这些新的事物时,少年的行为是否符合道德,对教育者的道德判断力也是一种挑战。①

我国心理学家研究发现,②初中生形成道德行为习惯的人数,是随着年龄的增长而增加的。到了初三,60％的学生形成了基本的道德行为习惯。但是,研究也发现,初中时期是道德行为分化的时期。随着年龄的增长,初中生良好的道德行为和不良行为的人数都在增加,两级分化现象十分明显。另外,在初三之前,初中生的道德行为习惯带有很大的不稳定性和可塑性,初三之后则表现出较大的自动性,可变的成分越来越少。而且初中生道德行为习惯有较大的不一致性。一般说,他们在学校里表现往往比在家里表现好。教育工作中,父母和教师要特别注意这种现象,以防出现多重人格。

三、高中生道德行为发展特点

面临着各种道德情境,在一定的道德意识支配下,高中生必定表现出各种道德行为习惯,这就构成了高中生品德的行为特征。研究发现,从道德行为习

---

① ②　杨韶刚.道德教育心理学.上海:上海教育出版社,2007:110,111.

惯的稳定性来看,高中生更具有自动性,其可塑性越来越小;从道德习惯的内容来看,两极分化的现象很明显,包含着良好的与不良的道德习惯。

（一）道德行为可塑性减小,行为习惯趋向稳定

一般地说,如果家庭和学校教育方式得当,学生的良好道德行为习惯在小学阶段就开始形成。但是,由于存在教育的差异和个体差异,良好行为习惯的养成并不是那么顺利。林崇德教授的研究发现,[①]这个过程主要在高中阶段才能完成,大约80%的高中生符合这种发展趋势。然而,从行为习惯的内容来看,两级分化的现象是非常严重的,虽然大部分高中生都已经形成良好的行为习惯,但也有少数高中生已经形成了一些不良的行为习惯。他们的人数虽然不多,但其消极影响却不可低估。另外,从高中生道德行为习惯的稳定性来看,高中生一般都已经能够主动地作出道德行为,已经相对比较稳定,改变行为习惯的可塑性越来越小。

也有学者研究发现,[②]大多数高中生能够较好地遵守《中学生行为规范》的有关要求。我国中小学普遍重视学生的养成教育,因此,到高中阶段,学生基本都能遵守纪律、勤奋学习、真诚友爱、礼貌待人等。

由于高中阶段的学生已经初步形成了一定的世界观、价值观和人生观。他们的道德行为习惯在很大程度上与他们的世界观、价值观和人生观的发展相一致。当然,高中生的道德行为习惯仍然具有一定的可变性,而且会随着环境要求的不同而有所改变。例如,现在我国的高中生在学校里的行为普遍比在家里和社会上好。但是,总的来说,在三年的高中阶段,学生道德行为习惯的发展变化不大。除了高三学生在"遵守纪律"和"勤奋学习"方面比高一和高二学生更加稳定之外,其他方面并没有比高一、高二学生有更大的发展,在某些方面甚至发现有倒退现象。分析认为,这可能与高三即将面临高考升学和就业有关,因而在与此关系不大的道德要求方面有所放松。

（二）不良的道德思想影响道德行为

从高中生日常道德行为（对不文明行为的态度和在特定条件下自身的道德行为）方面来看,当前高中生思想道德的主流是积极健康的,但也存在一些不容忽视的问题。由于受到大众传媒和国外一些价值观的影响,"个人主义"、"拜金主义"、"享乐主义"等思想在个别学生身上出现萌芽。在这个变化万千的社会背景下,校园已不再是一片净土,诸如金钱观、价值观、人生观越来越社会化、市场化。学生在处理问题时,更多地采用实际利益标准而不是是非原则标准。同时,他们讲求奉献社会与关注自我利益并重,追求自我价值和社会价值的和谐

---

①②　杨韶刚.道德教育心理学.上海:上海教育出版社,2007:127.

与统一,既愿意为社会和集体利益贡献力量,也要求社会和集体尊重、保护、发展个人的正当利益,为实现个人的正当利益创造条件。可以说,当前学生的道德行为表现为现代与传统、成熟与幼稚、主流与支流的矛盾统一。另外,因高中生一直生活在宁静的环境中同时承担着繁重的学习任务,这使他们以一种远离现实的特殊方式感受时代的变革。对他们来说唯一重要的人生竞争就是高考,故他们为了能顺利通过高考,进入高等学府,不少人就放松了对自己道德行为上的要求,加之现在高中生中绝大多数是独生子女,其家庭环境优越,从未受过艰苦生活的磨炼,往往被家长当作"小皇帝"宠爱,渐渐就形成了自私自大的心理,在行为上也表现出自高自大,唯己独尊的状态。

针对高中生的这些发展特点,在道德教育中,我们要从学生现有的道德心理发展水平和结构特点出发,尊重学生的自由选择,同时又要严慈相济,正确引导学生反复练习,巩固良好的行为习惯,努力改正和克服不良习惯。鉴于高中生非常重视同伴友谊,在道德教育中,要注意发挥学生同伴之间的相互作用,恰当地运用好集体的教育功能。同时,也要注意个别差异的存在,针对不同学生的个性差异,有针对性地开展教育。

总之,在整个儿童青少年阶段,品德心理的发展表现出很多复杂的特点和变化,有些发展变化甚至对人的一生发展都是至关重要的。道德教育应该根据学生道德行为的发展特点进行针对性的展开。

第三节　培养道德行为的方法

个体道德生成是一个长期而复杂的过程,因为个体道德心理发展要经历一个长期的历程。英国著名教育哲学家和道德哲学家彼得斯(R. S. Peters)总结出个体道德发展大致经历的三个阶段:首先,自我中心阶段。在这一阶段,儿童没有足够的认知能力去理解各种道德行为之间的关联及他所从事的行为将产生的后果;同时因为儿童所处的社会环境比较狭隘,故其将会对反复训练的(或观察到的)行为刻骨铭心。其次,规则遵从阶段。处在这一发展水平的儿童,对规则的正确性仍然没能正确的认识,认为规则是"同龄群体和权威人士赞同的所支持的东西",但儿童"喜欢遵从规则并陶醉于这提供给他们的权力感之中"。[①] 再次,自律实现阶段。以"自律"为主要特征的第三个阶段其本身是非常复杂的,彼得斯认为在这一阶段存在着可靠性(或真实性)概念、规则的反思及意志的力量发展等问题。青少年要完成这些方面的发展并不能仅靠他们自身,

---

① ［英］彼得斯.道德发展与道德教育.邬冬星译.杭州:浙江教育出版社,2000:165.

更需要教师(或家长)给他们提供各种各样具体的参与机会。根据个体道德发展大致经历的三个不同发展阶段,与之相对应,学校在道德教育过程中,应根据学生所处的道德心理发展水平,采用不同方法,进行有差别的分阶段教育,以此来实现道德生成。

一、训练:形成道德习惯①

个体道德行为的形成成就于儿童时期道德习惯的养成及青少年时期道德认知的内化。在少年儿童时期,"(儿童)的智力发展尚处于一个非常初级的阶段,情感生活也过于简单,没有发育"。他们缺乏强化各种道德观念和道德情感所必须的智力基础。"与此同时,他的智力水平又限制着他的道德概念。这个阶段,唯一可能做的就是训练。"②涂尔干认为:"儿童是一种名副其实的习惯动物,一旦他养成了习惯,这些习惯就可以支配他的行为,而且程度上要比成年人大得多。一旦他几次重复某一种既定的行为,就会表现出一种以同样的方式再现这种行为的需要,对最轻微的变化他都会感到深恶痛绝。"③因此,为了使个体固化道德行为,形成道德习惯,可以采用以训练为主的道德教育方法。

训练是指有步骤有计划地进行教育操练,使个体掌握某项技能,获得某种习惯。训练对个体形成某种行为习惯具有重要意义。在实际的生活中,为了使学生获得某一道德品质,教师和家长必须给学生提供各种情景刺激,并指导学生作出相应的行为反应。然而"在孩童时期,孩子没有其他资源可以用以判断其行为及意义,此时模仿别人是主要的学习方式"④。教育者在教育学生的过程中要充分运用替代强化的方法,为学生树立良好的榜样。

(一)替代强化法

案例 4-6

抗诱惑实验研究⑤

这项研究是社会学习理论的代表人物沃尔特斯与其他人合作进行的。实验选择的被试都是出身于低收入家庭的 5 岁儿童。实验时将儿童分成三组观看不同的影片。

① 程建坤.道德生成模式:训练,教育,交往.思想理论教育,2010:10.
②③ [法]涂尔干.道德教育.陈光金等译.上海:上海人民教育出版社,2006:17,101.
④ [澳]赖蕴慧.《论语》中的礼:道德训练与灵活性问题.国外社会科学,2006(3):106—108.
⑤ 袁桂林.当代西方德育教育理论.福州:福建教育出版社,1995:211.

第一组称为榜样奖励组。儿童看到影片中一个男孩在房间玩一些被告知不许玩的玩具。可是,他玩了,而且他妈妈进入房间后亲热地夸奖了他并和这孩子一起玩这些玩具。

第二组称榜样指责组。儿童看到的影片和第一组儿童看的影片场面背景都一样。不同之处在于当男孩的妈妈进入房间看到这个男孩违反禁令时就严厉地训斥他。这个男孩听到妈妈训斥后立即放下玩具,跳到沙发上用毯子遮住脸,害怕地哆嗦起来。

第三组为控制组。不看任何影片。

看完影片后实验人员便对所有儿童进行测验。实验者布置一个实验室,室内有许多诱人的、有趣的玩具。同时室内还有一些大字典和百科知识工具书。分组实验前已告知儿童不许玩这些玩具,但可以翻看书籍。随后把儿童逐一带进这个实验室,并让每个儿童在实验室待15分钟。实验者通过单向玻璃记录儿童的表现。他们发现第一组儿童很快屈从于诱惑,无视禁令去玩那些玩具,克制行为的时间为80秒左右。第二组儿童平均过了7分钟左右才去动那些玩具,有的儿童15分钟内始终没有去碰一下玩具。第三组儿童平均过了5分钟后便开始玩那些玩具。

实验发现,儿童观察到榜样的行为受到表扬时,再现榜样的行为时间较短;反之,当发现榜样的行为受到惩罚时,学习者就会克制住重现榜样的行为。因此,在培养学生的道德习惯过程中,可用榜样的替代强化作用。实践表明,学校环境中蕴含着丰富的榜样教育因素。学生同辈群体中的优秀分子、优秀教师自身的形象以及教材中的名人志士,都是培养学生道德行为的典范。但是,榜样的选择与设立应该考虑学生的认知发展水平,以及榜样是否与当前社会环境的主流思想相一致。德育工作的经验表明,为学生提供的榜样必须是可亲可信和可靠的。同时,设立的榜样不可单调划一,要多种多样。因为并不是所有的榜样对每一个学生都是有效的。因此,教育者应该根据实际情况为学生提供具有模范价值的榜样。具体的说所提供的榜样应该具有以下特点[①]:

(1)应该具有可操作性。是指榜样的设立应该是学生身边的具体的可模仿的榜样。

(2)应该具有典型性。设立的榜样应该是在某一方面具有突出特征,能吸引人的注意,产生学习和模仿的愿望。

(3)应该具有可信性。也就是说树立的榜样要切合实际,不能夸大其词,更

---

① 黄建军.学校教育中如何发挥榜样的力量.云梦学刊,2002:23(6).

不能主观臆造榜样的形象。

（4）应具有贴近性。贴近性包括两层含义：一方面榜样与学生在性格、兴趣、年龄等方面要相近，这样比较容易成为模仿对象；另一方面，榜样贴近学生，来自学生生活环境、学生能耳闻目睹的榜样，其教育效果最好。

（二）角色扮演法

案例 4-7

角色扮演实验①

斯陶布（E. Staub）曾用实验的方法检验了儿童扮演角色的活动对道德行为发展的影响。他先把儿童一一配对，然后让其中一个承担需要被人帮助的角色。如他想搬一张凳子，可凳子太重，搬不动；或他恰好站在迎面飞来自行车的马路上。另一个儿童扮演帮助别人的角色，他要想出合适的方法来帮助别人，并且要表现出来。然后两个人交换角色，训练一周后，为儿童提供如下的机会，以测定儿童的助人行为是否有进步：

一个儿童在隔壁房间里从椅子上跌下来在哭；

一个儿童在搬对他来说很难搬得动的凳子；

一个儿童因为积木被另一个儿童拿走而苦恼；

一个儿童正站在自行车道上；

一个儿童跌倒受伤了。

实验结果表明，受过这种训练的儿童比起没有受过这种训练的儿童表现出更多的助人行为。

实验表明，通过角色扮演训练的学生能表现出更多的亲社会行为。所谓角色扮演（role-playing）是指让个人暂时置身于他人的社会位置，并按这一位置所要求的方式和态度进行行事，以增强个人对他人社会角色的理解，从而更有效地履行自己的角色。只有当一个人的内心世界具有了与他人相同或类似的体验时，他才知道在与他人发生相互联系时应该怎样行为和采取怎样的态度。因此，角色扮演在发展个体的亲社会行为和改善人际关系方面有着极其重要的作用。它能向学生提供各种以经验为基础的学习情境，通过人际或社会互动，再现学生现实生活中可能发生的人际或社会难题。角色扮演让个体以参与者或观察者的身份卷入这种真实的问题情境中，并要求做出相应的反应。不仅如

---

① 陈琦，刘儒德.教育心理学.北京:高等教育出版社,2005:358.

此,较长时间的角色扮演还可以改变人们的心理结构。由于扮演中真实、直接的情感体验的支持,所扮演角色的某些特征最终可能被固定在人们的心理结构中,从而使人们的个性发生实质性的变化。因此,角色扮演对个体的道德行为养成具有重要作用。

在角色扮演中,教师应该转变观念,让学生成为活动的主人,放手让他们自己去"做",教师只是作为"引路人"的身份出现。只有当儿童的表演行为背离了德育的原意时,教师才加以引导,从宏观和整体上进行调控。同时,在角色扮演过程中,教师要注意[①]:

第一,应根据实际情况为儿童提供适当的角色,这些角色应当具有科学性、典型性、层次性和多元性等特点。

第二,要引导学生对"角色"进行分析。教师应积极引导学生理解"角色"所包含的道德期望和道德要求,在分析的基础上,对照自己,找出差距,明确努力方向,并付诸行动。

第三,要恰当地使用强化机制。角色扮演的成功进行离不开强化机制。

最重要的是,角色扮演的主题情境要根植于学生的生活。在很多时候,角色扮演这一道德活动在主题选择上,往往无法与学生生活实际紧密联系。道德教育是为了让儿童积极地解决在生活中碰到的道德问题,只有选择接近学生生活实际的道德情境,才能帮助学生解决在道德成长中遇到的烦恼和困惑;同时,也只有源于真实道德生活的角色扮演主题,才能与学生固有的道德经验系统联系起来,从而使他们真正地理解、认同和接受道德规范,形成道德行为习惯。

二、交往:践行道德规范

个体掌握道德规范之后,要参与社会交往,将个人获得的道德规范运用于生活世界。交往是"人将自己与他人的命运相连,处于一种身心敞放、相互完全平等的关系中"。雅斯贝尔斯(Karl Jaspers)认为"我只有在与别人交往中才能存在着"。[②] 通过交往,使个体能顺利地穿梭于不同的生活世界之中。哈贝马斯认为,世界可分为三个部分:第一,"客观世界",也称为"外部世界"或"客体世界",是指真实存在的"客体"世界;第二,"社会世界",是合法化的个人关系的"总体",指规范、价值及其他被认识到的社会期望;第三,"主观世界",即人们"自发的经历"总汇成的世界。通过"交往",个体主动运用固着于"主观世界"的道德信念作用于"客观世界"和"社会世界",实现净化社会环境和提高个体道德水平的目的。

① 边玉芳等.儿童心理学.杭州:浙江教育出版社,2009:280.
② 雅斯贝尔斯.什么是教育.邹进译.北京:生活·读书·新知三联书店,1991:91.

　　个体的道德行为的产生是一个复杂的过程,因此,为了维持道德行为,教育者需要让受教育者参与社会交往,并在交往中采取有效措施对其进行有目的有计划的道德行为训练,以提高个体的道德水平。

　　1.合作学习法

案例 4-8

万众一条心[①]

　　学校运动会迫在眉睫,可在这个节骨眼上,班里的同学之间却出了问题。我接连几天心里在琢磨着该如何化解同学之间的矛盾。

　　班会课上,我用彩色粉笔在黑板中间画了两个大大的木桶:一个,完好无缺;一个有一块木板缺了半截。同学们面面相觑,大惑不解。我故作平静说:"同学们看,这是过去经常使用的木桶,我们用它装上满满的一桶水,应该没有问题吧?""不行,不行,第二个木桶不行。""怎么不行呢?"我明知故问。

　　同学们纷纷发表自己的见解:"第二个木桶,有一块木板断了半截,往里装再多的水也会流出来,最后也只剩下半桶水。""第一个木桶,每块木板都是好好的,它能盛满一桶水……"这正是我需要的。于是我语重心长的对同学们说:"是啊!同学们,你看,团结合作多么重要啊!我们应该也像第一个木桶那样,所有的同学心往一处想,劲往一处使,不要因为一块木板影响了大局……"第二天,发现学生之间的关系融洽了不少,而且同学们纷纷向我表示下午放学以后,一块儿进行跳长绳比赛,争取在比赛中夺得冠军……

　　案例中"我"通过让学生通力合作,相互学习,达到共同进步;同时也化解了同学之间的矛盾。因此合作学习能增加学生的道德行为,特别是利他行为。不太熟悉合作学习的班级,教师应该先从两人合作或小组合作开始。例如,小学低年级学生在学习测量这一内容时,教师可以让两个学生结合起来测量他们能跳多高,或者一步能跨多远,然后让他们回到班级中进行交流。采用这种方法,学生就能学会在小组中如何与他人合作。另外,让学生在班级中公开肯定和某位同学一起做的某种亲社会行为也是一种有效的培养道德行为的方法。通常,需要几周的实践才能让学生学会这种习惯,因为很多学生没有对别人做出积极

---

　　① 由"团结的力量"改编:陈兴杰.优秀班主任99个成功的教育细节.上海:华东师范大学出版社,2008:202.

评价的习惯。给予和接受赞扬都是很重要的社会技能,这种练习为学生提供了学习给予和接受他人赞扬的机会。

2. 自我反省法

案例 4-9

心 灵 的 答 卷 ①

　　上海市的全国优秀班主任冯恩洪老师在自修课上组织了一次无人监考的英语测验。测验结果后班长向他汇报,说测验情况一切正常。但是后来经过了解发现,在这次测验中看书的人不少,连班干部也看书了。为了纠正学生的错误行为,冯老师确定了启发学生自我反省、自觉改正错误行为的教育方案。第二天,他在黑板上写了汤姆斯·麦考莱德一句名言:"在真相肯定是永远无人知道的情况下,一个人的所作所为,能显示他的品格。"并要求学生把这句话背下来。同时讲了一个在学生时代做过弊的人 30 年后后悔莫及的故事,要求每个学生都写一篇体会,题目是《心灵答卷》。在答卷中,有的学生写道:"作弊发生后,老师没有批评我们,但是在背名言时,我的心比挨了打还难受。我将永远记住这次错误,永远记住这句名言的教导。"有的还写道:"老师在与不在一个样,说说容易,做到却不那么简单。测验时我有一道 10 分的题目做不出,分数的诱惑使我一念之差,犯了终身懊悔的错误——偷看了书本。我的英语考卷虽然得了好分数,但在道德答卷中得了零分"。

教师通过让学生自我反省的方式,使他们认识行为的错误,从而达到教育的效果。内省是道德修养的重要方法,中国古代儒家的代表人物孔子和孟子做了充分的阐释。"内省不内疚,夫何忧何惧?"(《论语·颜渊》),是说能够自我反省者就不会内疚,而没有内疚的人就不会有什么忧虑和畏惧。内省是对自己行为以及所表现出来的品德是否符合道德标准的自我检查的过程,也就是个人对自己的行为动机和行为效果以及自身道德认知和道德情感的自我评价。通过反复的自我反省,使自己的行为符合道德要求,并长期坚持下去。因此在实践中,教师要为学生提供自我道德反思的机会,也就是为学生提供阅读、写作以及讨论道德事件的机会。

---

　　① 但武刚.教育学案例教程.武汉:华中师范大学出版社,2007:124.

3. 参与制定决策法

案例 4-10

小小"参议员"——中学生该不该带手机进校园①

今天下午我们班利用班会课的时间,也配合最近学校对手机的管理,开展了一次辩论赛——《中学生是否应带手机进入校园》。

正方:中学生应该带手机进入校园(谢思宇、杨心艺、周迅、王培宇)

反方:中学生不应该带手机进入校园(王心莹、王舒娴、郑雅之、李思怡)

正方:

A:方便和父母联系

B:方便和同学朋友联系

C:可以用来娱乐,减轻学习压力

D:是时尚的表现

E:使用手机可以了解更多信息

……

反方:

甲:扰乱课堂纪律,影响老师讲课和其他同学听课

乙:上课玩游戏,发信息,严重影响自己和同学的学习,学习成绩下降

丙:利用手机在考试中作弊

丁:增加了家庭的经济负担

戊:助长了攀比心理

……

通过辩论很多同学达成了共识,作为一名中学生,由于自控能力较差,手机势必会影响到我们在学校时的正常生活,一般情况下同学们不会带手机进入学校,如果带了,也要按照学校规定上交给生活老师保管!我希望这节生动的班会课能进一步内化到同学的内心,不带手机进入校园不仅是学校的硬性规定,更是我们自我约束的一个重要表现,从实际行动中认识到把手机带进校园的负面影响远胜于其积极

---

① 叶老. 主题班会:辩论赛——《中学生是否应带手机进入校园》. 2010,[2010-03-01]. http://blog. sina. com. cn/s/blog_5a5ffd7a0100gu9y. html.

意义,我相信我们班的每个同学都能做到。

案例中,学生通过辩论的形式,讨论是否能够带手机进入校园的问题,最后形成比较统一的意见,这就是参与制定决策。参与制定决策,就是让学生自己决定自己的行为和自己制定班级制度。当学生能够参与制度的制定时,他们将会表现出更多的道德行为,因为他们对规则有一种自觉维护的责任感。采用辩论会、班级会议、头脑风暴法等获得一些问题的解决办法,能够有效地提高学生的决策参与感。已有研究表明,在采用了这种方法之后,学生的问题行为出现的频率明显降低。

上述方法在培养学生的道德行为上各有其独特的作用,在培养学生道德行为的过程中,教师应综合运用各种方法,使它们相互补充。在具体教育过程中需要采取哪种方法或哪几种方法,要根据活动的内容、教育目的以及学生的年龄特点,认知发展水平和个性特征等情况而定。

拓展阅读

1.[美]巴伦,伯恩.社会心理学.杨中芳等译.上海:华东师范大学出版社,2004

本书的第十章系统论述了道德行为(亲社会行为)产生的过程,以及影响个体实施亲社会行为的因素,如人际吸引、归因和亲社会模范等。

2.北京师联教育科学研究所主编.思想流派与德育论著选读.北京:中国环境科学出版社,2005

本书对历史上存在的各个道德教育流派的产生背景、代表人物、主要观点及其对历史的贡献进行了系统的阐述,是了解各种道德教育理论流派基本内容的重要读物。

3.袁桂林.当代西方德育教育理论.福州:福建教育出版社,1995

本书共包括十个不同的道德教育理论派别。对各道德教育理论派别的介绍和研究,都由人物背景简介、基本理论内容以及特征分析和评价几个方面构成。全书最后一章试图从历史、社会、理论认识渊源等方面综合分析当代西方主要道德教育理论学派的共同特征,并着重分析了可资我国学校德育理论与实践借鉴之处。

反思与探究

案例 1

2008 年 5.12 地震发生的时候,范美忠正在四川都江堰光亚学校上语文课,课桌晃动了一下,范根据有关地震的一些知识,认为是轻微地震,因此叫学生不要慌。但话还没完,教学楼猛烈地震动起来。他瞬间反应过来——大地震!然后猛然向楼梯冲过去。后来,范美忠发现自己是第一个到达足球场的人,等了好一会才见学生陆续来到操场,随后他立刻参与组织疏散学生。其后与学生有一段对话:

范:"你们怎么不出来?"

学生:"我们一开始没反应过来,只看你一溜烟就跑得没影了,等反应过来我们都吓得躲到桌子下面去了!等剧烈地震平息的时候我们才出来!老师,你怎么不把我们带出来才走啊?"

范:"我从来不是一个勇于献身的人,只关心自己的生命,你们不知道吗?上次半夜火灾的时候我也逃得很快!"

接着,范美忠对一位对他感到有些失望的学生说道:"我是一个追求自由和公正的人,却不是先人后己勇于牺牲自我的人!在这种生死抉择的瞬间,只有为了我的女儿我才可能考虑牺牲自我,其他的人,哪怕是我的母亲,在这种情况下我也不会管的。因为成年人我抱不动,间不容发之际逃出一个是一个,如果过于危险,我跟你们一起死亡没有意义;如果没有危险,我不管你们,也不会有危险,何况你们是十七八岁的人了!"

(资料来源:范跑跑. 2010,[2010-04-02]. http://baike. baidu. com/view/1622870. htm)

案例2

在范跑跑冲出教室的那一刻,距都江堰百里之遥的绵竹汉旺镇,51岁的谭千秋也带着学生冲出教室。只不过,在看到隔壁教室中仍然有学生滞留时,他再度冲了进去。但是不幸发生了,谭老师再也没有走出这个教室。数小时后,当救援人员挪开一块断裂的预制板时,他们看到了一个头发花白、后脑内凹的汉子,趴在一张已被砸得变形了的课桌上,而课桌下,是4个已经昏迷、尚有生命迹象的学生。

(资料来源:地震来时老师舍身护学生. 2008,[2008-05-20]. http://news. sina. com. cn/cehua/2008/fanmeizhong. Html)

1. 你认为范美忠和谭千秋老师会对学生道德行为的形成过程中产生什么样的影响?

2. 你认为哪些可能因素影响了他们的行为选择?

3. 如果你是一名教师,如何发展学生的道德行为?

第五章　不良品行的矫正

【学习目标】

1. 掌握不良品行的概念并且会判断哪些行为属于不良品行。
2. 面对案例或实际个案，会分析该学生不良品行的成因。
3. 面对不良品行个案，能根据具体情况采用相应的矫正措施。

学生的不良品行是目前教育教学过程中不可忽视的急待解决的棘手问题，这一问题不仅严重影响着教师和家长对学生的教育活动，更严重阻碍着学生健康人格的健全发展。如果学生的不良品行问题处理不好，将有可能影响学生今后一生的发展。日常学习、生活中常见的不良品行有：攻击行为、破坏行为、说谎行为和偷窃行为等。本章围绕这些典型的不良品行进行原因分析，探讨切实可行的矫正措施。

第一节　什么是不良品行

案例 5-1

令人苦恼的郭金鹏[①]

11 岁的郭金鹏是四年级 2 班的学生，他母亲在他 6 岁时病故，他与父亲、爷爷、奶奶一起生活。

他学习散漫，上课不能专心，不爱写作业，干事拖拖拉拉，学习成绩不理想。爱说脏话、谎话，经常与学生打架，出手较狠。有一次，班中最老实的一个男同学不小心碰了他一下，他揪起这个同学的头就往桌角上撞，幸亏被其他同学及时拉开。事后，他竟然说自己当时什么都不知道。在四年级第一学期开学初他就与同学连续打架三次，打伤

---

① 教育部师范教育司、教育部基础教育司规划指导.学生心理健康教育指导.北京:北京师范大学出版社,2008:78.

两人。

他分辨是非的能力较差,以做坏事、出怪声来引起别人注意。周末在学校学习的时候,他常带头去别的班毁坏东西,在校园内破坏花草。操场上有许多小石子,他经常抓石子扔同学,他曾用石子把一个小同学打得头破血流,自己还死活不承认,闹得双方家长很不愉快,最后找到目击者才算解决。做了任何错事开始都不承认,总来回来去的找理由为自己辩解,直到老师和家长当面对质或找到证人,纸里包不住火了才承认。

案例中,郭金鹏不爱写作业、干事拖拖拉拉,经常说脏话、谎话,经常与同学打架,周末还带头去别的班毁坏东西,抓石子扔同学,并且自己做了错事还死活不承认。像郭金鹏这样的学生,相信很多老师在教学过程中都曾遇到过或都可能会遇到。

在日常的教育活动中类似情况屡见不鲜,也许我们一眼就能断定案例中郭金鹏的行为是不良品行,但是,要问到:到底什么是不良品行? 我们是怎样判断某种行为是否是不良品行的? 判断一种行为是否是不良品行的依据是什么? 或许我们就不能轻易地给出答案了。

一、不良品行的定义

目前基本上还没有学者对"不良品行"下过明确的定义,因为"不良品行"是"品德不良"的具体行为表现,所以本文从"品德不良"的概念出发,来探讨"不良品行"的概念。

国内各相关著作对"品德不良"的界定主要有以下几种:

邵瑞珍主编的《教育心理学》将"品德不良"界定为"品德不良是指个体具有的不符合道德要求的品质,经常发生违反道德准则的行为或出现道德过错。"[1]

冯忠良等著的《教育心理学》将"品德不良"界定为"品德不良是指经常发生违反道德准则的行为或采用违背道德规范的方式和手段来达到个人的目的,构成对他人利益的侵犯,犯有较严重的道德过错。"[2]

《心理学大词典》中将"品德不良(品行不端)"定义为:"经常违反道德准则或患有比较严重的道德过错的行为表现"。[3]

这些定义都明确指出"品德不良"是犯有"道德过错"的行为表现,但都没有

---

[1]　邵瑞珍.教育心理学.上海:上海教育出版社,1997:204.

[2]　冯忠良.教育心理学.北京:人民教育出版社,2000:514.

[3]　林崇德,黄希庭,杨治良.心理学大词典.上海:上海教育出版社,2003:900.

强调行为主体是有意为之,而"一个行为有没有道德评价意义,有两个条件必不可少:理性的自觉和意志的自愿。"①也就是说,道德行为是一种基于自觉意识而发生的行为,它具有一定的动机和目的,是发自内心的行为,是自知的行为。如果没有自觉意识的参与,一种行为并不能算是道德行为。在一定程度上可以说,道德行为是行为主体在自己的意志支配之下自愿选择的结果。

为了与某些"糊涂犯错"的情况相区别,本文所论述的"不良品行"指的是:儿童和青少年在成长过程中出现的各种偏离社会公认的与其年龄相应的道德标准,不利于其品格发展、不利于他人的持久的反复发生的行为;这种行为是一种个体在明知道德规范的情况下却故意发生违反道德规范的行为。

这一概念包含了以下五层含义:

第一,不良品行指的是显著不同于同龄正常人的行为;

第二,这些行为是长期存在反复发生的;

第三,这些行为因不符合道德标准而无法为人们接受;

第四,这些行为会对自己和他人产生不利的影响;

第五,这些行为是个体明知故犯的行为。

二、不良品行的诊断

我们在前文中提到:攻击行为、破坏行为、说谎行为和偷窃行为这些均是不良品行,那么,为什么这些行为是不良品行? 是什么样的依据让我们可以这样毫无任何异议地一致认为这些行为是不良品行? 判断某种行为是否是不良品行的这把尺子到底是什么呢?

在查阅相关资料后发现,不仅"不良品行"这一概念目前还没有学者给其下过明确的定义,而且"不良品行"诊断标准也没有学者给其下过明确的指标。但是,"不良品行"的相关概念"品德不良"与"品行障碍"均有明确的诊断标准,所以,本文将从这两个相关概念入手探讨"不良品行"的诊断标准。

(一)"品德不良"的诊断标准

因为不良品行是品德不良的具体行为表现,而品德不良的判断标准基本上均是从个体的具体行为来进行诊断的,所以"不良品行"的诊断标准可以借鉴"品德不良"的判断标准。见表5-1。

---

① 肖川.主体性道德人格教育.北京:北京师范大学出版社,2002:125.

表 5-1　中小学生品德不良的判断标准①

　　青少年品德不良的标准通常包括两个方面：一是年龄标准：青少年品德不良，年龄应低于 18 岁；如果是 18 岁以上的，就诊断为反社会人格障碍。二是行为标准，具体指品行失调的持续时间至少超过 6 个月，同时至少具备下列情况中的 3 项：

　　(1)不止一次地在所有者不在场的情况下偷窃，或者当着被害人的面行凶抢劫、敲诈勒索等。

　　(2)在与父母或其他监护人同住期间，离家出走，至少有两次整夜不回家，或是一次出走而不再回家。

　　(3)经常说谎(不包括为了避免挨打或为了摆脱性骚扰而说假话)，或有造假行为。

　　(4)故意纵火或蓄意毁坏他人财物。

　　(5)经常逃学，年龄较大者表现为经常旷工。

　　(6)未经他人允许，擅自闯入别人的住宅、建筑物或汽车。

　　(7)虐待他人，或残忍地虐待动物。

　　(8)强迫他人与自己发生性行为。

　　(9)不止一次地在打架斗殴中使用凶器。

　　(10)经常无端挑起斗殴。

　　青少年品德不良，按程度不同可分为轻度、中度和重度。

　　轻度是指青少年的品行问题刚刚符合或略超过上述标准的条款，而且只对他人造成轻微的损害。

　　重度是指青少年的品行问题对照上述标准的所需条款，已经超过了许多，而且对他人造成了较大程度的损害。

　　中度是指青少年的品行问题的数量和对他人的损害程度，介于轻度与重度之间。

　　(二)"品行障碍"的诊断标准

　　《心理学大词典》将"品行障碍"界定为②："心理障碍的一种。18 岁以下儿童或少年反复出现的违反与其年龄相应的社会道德准则或纪律、侵犯他人或公益的行为。"从该定义中可以发现，"品行障碍"的外在行为表现与"不良品行"的行为表现是一致的。而《精神卫生诊断与统计手册》中对"品行障碍"的诊断标准也是依据外在的行为表现进行的，所以可以借鉴"品行障碍"的诊断标准来对"不良品行"进行诊断。见表 5-2。

---

　　① 何先友.青少年发展与教育心理学.北京:高等教育出版社,2009:368—369.

　　② 林崇德,黄希庭,杨治良.心理学大词典.上海:上海教育出版社,2003:901.

表 5-2　品行障碍诊断标准的主要特征[①]

品行障碍是一种重复地、持久地侵犯他人基本权利或违反适龄社会准则的行为模式，在过去的 12 个月明显表现出以下 3 条(或更多)行为标准，在过去 6 个月至少出现以下 1 条标准：

攻击他人和动物

(1)经常欺负、威胁、或恐吓他人；

(2)经常挑起打架；

(3)用过能致使他人严重身体伤害的武器(比如：球棒、砖头、破瓶子、刀或者枪)；

(4)曾经对他人进行身体伤害；

(5)曾经虐待动物；

(6)曾经偷窃或抢劫(比如：背后袭击抢劫、抢钱包、敲诈勒索、持凶器抢劫等)；

(7)曾迫使他人发生性行为；

破坏财物

(8)故意放火，目的是造成严重损失；

(9)故意损坏他人财物(除放火外)；

欺骗或偷窃

(10)擅自闯入他人房屋、建筑物或小车

(11)经常骗取物品或好处而逃避义务(比如："哄骗"他人)；

(12)偷窃价值不菲的财物，但不造成人身伤害(比如：进商店偷窃，但不破门而入；伪造等)；

严重的违反规定

(13)在 13 岁前，就开始经常不顾父母反对而夜不归宿；

(14)住在父母家或父母委托人家的时候，至少两次离家出走在外过夜(或者至少一次很久没有回家)；

(15)在 13 岁之前，就开始经常逃学。

资料来源：《精神卫生诊断与统计手册》(再版)，DSM-IV-TR，第四版修正版，2000，APA

(三)"不良品行"的诊断标准

经过对"品德不良"与"品行障碍"诊断标准的比较，发现"品德不良"与"品行障碍"的诊断标准基本上是一致的，均是依据个体表现出来的对他人造成伤害的行为进行判断的。从两者的诊断标准可以看出，"品德不良"的诊断标准是我国学者在充分考虑本国学生特点的情况下，依据《精神卫生诊断与统计手册》中"品行障碍"的诊断标准修正而成的判断标准。也就是说，"品德不良"的诊断标准更适合对我国的学生进行行为诊断。

综上，本文将采用"品德不良"的判断标准作为"不良品行"的诊断标准，即采用表 5-1 中的中小学生品德不良的判断标准作为"不良品行"的诊断标准。

---

① ［美］埃里克.J.马什(Eric J. Mash)，戴维.A.沃尔夫(David A. Wolfe).异常儿童心理.徐浙宁，苏雪云译.上海：上海人民出版社，2009：186.

✎ **视窗 5-1**

评价和鉴别一个人行为的标准

（1）统计标准或相对标准

这是最常用的标准。它把大多数人的行为和状态视为正常或一般，而把少数人的行为和状态视为异常或有问题。从发展角度看，达不到多数人能达到的水准被认为有问题，或发展迟缓。所以，这种标准是通过同他人的比较来判断某人的特征的一种评价基准。

（2）理想标准或价值标准

这实际上就是一种社会评价标准。所谓社会评价标准，是指人们依据历史的和社会的价值体系构思出人的"理想状态"和"完美形象"，再以此为标准来评价现实的人。接近或符合这种标准的行为，便被认为是良好行为；如果相去很远，便被认为是异常或有问题的行为。

（3）病理标准

如果说统计标准是一种数量的标准，那么病理标准则是一种质量的标准。这种标准假设正常与异常之间具有明确的非连续性。与正常相比，身心构造和机能上有明显缺陷、障碍和症状的人被判定为有病或异常。这种标准的基础是医学上的病态生理学。

资料来源：王前新.问题行为矫治妙方.武汉：武汉大学出版社，2000.20—22

✎ **视窗 5-2**

判断问题行为的四个实践方法

（1）按常规管理方面的观察和调查统计，看问题行为出现的背景、频率和类型。

（2）收集社会、家长、各科教师、同学对儿童问题行为的反映，看问题行为的征兆、环境特点、表现形态。

（3）运用有关的规章、制度、条例、守则、规范去进行鉴别，看行为"出轨"的程度。

（4）对某些难以判定的问题行为案例进行分析讨论，特别注意不同年龄阶段儿童在生理机能、心理水平、认识能力和行为控制方面的不同特点，区分儿童问题行为出现的程度差异。

　　资料来源：杜永明．中小学生不良行为矫治全书．北京：光明日报
出版社，2000

第二节　不良品行的成因分析

案例 5-2

爱模仿的兵兵[①]

　　兵兵是一个12岁的小男孩，家里有电视机、录像机。他的爸爸经
常看一些武打片，里面有很多凶杀、武打的镜头。每次看录像时，兵兵
的爸爸都没有让兵兵回避，结果兵兵在学校中经常像武打片中的侠客
那样"打抱不平"。一次，几个学生在一起玩足球，其中一个学生犯规
了却不承认，其他学生围着与他讲理。兵兵看着那个犯规的男学生不
顺眼，声称要替大家出出气，然后高喊"看招"，用所谓的"八卦掌"将那
个男生打得鼻青脸肿。像这种情况，兵兵在学校经常发生。

爱破坏的小明[②]

　　小明是六年级的学生，他生活在一个离异家庭，缺少母爱。父亲
残疾，脾气暴躁，小明也很少感受到父爱的温暖。因为家里经济条件
不好，无法满足他在生活和学习上的基本要求，他养成了偷同学钱的
行为，有时还偷小卖部的钱。由于他经常感到压抑，时常有怨气，为了
发泄，他经常破坏教室的门窗，将灭火器的溶液放掉，破坏水龙头
等等。

　　从案例5-2中可以发现，兵兵的攻击行为是由于家庭的教养方式（父亲在看
暴力影片时没让兵兵回避）及兵兵对影片中暴力行为的模仿两方面原因造成
的；小明的偷窃行为、破坏行为是由于家里缺少母爱、父亲粗暴的教育方式及家
里经济条件不好所带来的挫折引起的。也许不同的行为背后有不同成因，即便
是同一种行为背后亦有不同的成因。那么，不良品行的成因除了案例中提到的
究竟还有哪些呢？不良品行是先天遗传的还是后来习得的？为什么有的学生
容易出现不良品行，而另一些学生没有出现不良品行？为了回答这些问题，神

---

①　雷雳．中小学生心理行为问题干预．北京：首都师范大学出版社，2010：183．
②　刘晓明．小学生常见心理问题解析与辅导．北京：世界图书出版公司北京公司．2008：279．

经解剖学家、遗传学家和心理学家做了大量的研究,他们发现中小学生出现不良品行的原因主要是神经病理因素和环境条件因素。因为神经病理因素是医生治疗时需要关注的因素,而本文主要是针对学校教育展开的,所以本文主要从环境条件因素展开分析。

一、不良的行为示范可以促使不良品行

心理学家们对儿童的不良品行做过系统的研究。其中,班杜拉的观察学习理论最为著名。班杜拉认为大多数的攻击行为都是儿童通过有意或无意的观察获得的。

班杜拉曾做过这样一个实验[①]:他把幼儿园的孩子随机分为四组。第一组儿童观看成人对玩具娃娃进行攻击;第二组儿童观看电影中成人对玩具娃娃进行攻击;第三组儿童观看动画片,内容换为小猫攻击玩具娃娃;第四组儿童观看非攻击行为。观看结束后,把儿童带到相似的房间里,看他们的行为是否表现出攻击行为。结果发现,第一组儿童表现出的攻击行为最多,其次是第二组,而第三组和第四组几乎没有表现出攻击行为。该实验说明,真人的榜样影响力最大,影视作品对儿童的榜样影响力也相当大。

（一）父母的不良言行示范

父母的不良言行,包括谎言、攻击行为以及贪小便宜等日常不良行为。

1. 父母的攻击行为示范

常言道,"有其父必有其子",虽然孩子并不一定和他们的父母一样,但父母对子女的影响是不可低估的。父母是儿童接触最多、模仿最多的人,他们的一言一行都被孩子看在眼里、记在心里。有的父母忽视自身的榜样作用,当着孩子的面就打架、吵架、说脏话,与邻居吵吵闹闹,或仅为一些小事就大打出手。在这种家庭里,孩子会有意无意地效仿父母的行为,攻击周围的小朋友或弱者。

2. 父母的说谎行为示范

有时候,一些学生的父母有意无意说的谎话,会给孩子留下深刻印象,他们会加以模仿。比如有时父母不想见某人,就对孩子说:"要是有人找我,就说我不在家。"耳濡目染之下,这些学生不想上学或未完成作业时,就会以头疼、肚子疼应付父母和老师。

3. 父母的贪小便宜行为示范

有些家长爱占小便宜,在外面占了小便宜,便在家里沾沾自喜。学生看在眼里,记在心里,也悄悄跟着学。随着占小便宜的愿望逐渐增加,他们往往也会

---

① 边玉芳.教育心理学.杭州:浙江教育出版社,2009:168.

养成小偷小摸的行为习惯。

（二）影视作品中的不良行为示范

影视作品中的不良行为主要包括打斗、偷窃以及其他的一些破坏行为。

1.影视中的打斗行为示范

电视、电影中的暴力镜头、打斗场面是促使孩子攻击性行为增多的一个重要因素。现在的儿童大多成天与电视为伴。家中大人忙自己的工作，孩子又没有小伙伴一同玩耍，电视成为了他们的"好朋友"，电视中的人物也就成了孩子学习模仿的榜样。在儿童的眼里，影视中所展现的是一个真实的世界，孩子会将从影视中所看见的行为和做法搬到现实社会中来。不少儿童在看了武打片之后，模仿着影视中的"英雄人物"相互打斗。就像案例一中的兵兵一样，在观看了武打、格斗、暴力、凶杀等镜头后，在生活中就模仿起影视中的攻击行为。

2.影视中的偷盗行为示范

不少影视作品中都有关于偷窃行为的场景描写，更有甚者，这些场景描述的还非常详细，这无形中也会被一些学生模仿、习得，进而表现出日后的偷窃行为。

3.影视中的破坏行为示范

有些影视作品中，经常有这样的一些镜头：某人在遇到不顺时，经常疯狂发泄、尽情破坏身边的财物，这也在一定程度上为中小学生习得破坏行为提供了模仿对象。

二、挫折可能导致不良品行

心理学家巴克尔（R. Barker）等做的一项实验研究证明了挫折与攻击行为的联系。在试验中，让两组幼儿园小朋友观看一间装有好多玩具的房间。第一组小朋友先隔着铁窗看，但不允许进屋玩，引起了挫折感后才让他们进屋玩。第二组小朋友观看后马上就可以进屋玩。结果，第一组小朋友中有许多人损坏玩具，表现出攻击行为，而第二组小朋友则能平静地玩玩具。[①]

（一）挫折可能导致攻击行为

在实际生活中同样也会出现这种现象，在遭受挫折后，人们往往会表现出一些非理智的受挫反应。心理学研究表明，在人未成熟的幼年或少年期，直接攻击是遭受挫折后立即反应的主要形式。在受到挫折后，青少年会将愤怒直指造成挫折的人，对其怒目而视、言词指责，甚至挥舞拳头；当他不敢直指造成挫折的人，或者对造成挫折的人还不清楚时，便会迁怒于别人，转向其他的替代

---

① 雷雳.中小学生心理行为问题干预.北京：首都师范大学出版社,2010:186.

物,寻找"替罪羊"。如有的学生受到老师批评而不能做他想做的事情时,就谩骂、诅咒老师,或找弱小同学出气。

(二)挫折可能导致破坏行为

在受到挫折打击后,孩子很容易产生愤怒和不满。他们由于年龄小,不容易控制自己的情绪起伏和冲动,常常会产生发泄性破坏行为。案例二中的小明就是因为父亲残疾,遭到同学们的嘲笑;家里经济条件不好,不能满足他的基本生活需求。这些让他感觉很压抑、很有挫败感,最终导致了他的破坏行为。

(三)挫折可能导致偷窃行为

有的学生受到别的同学或家长的伤害(如批评、打骂)后,会产生报复心理。他们常会把对方的一些物品偷走,来向对方施行报复,以发泄内心的愤怒情绪。

三、错误的教育方式会强化不良品行

心理学家弗里德曼(L. Freedman)曾经指出,虽然说模仿会使有的学生学会攻击行为,挫折也容易诱发攻击行为,但这并不意味着模仿和挫折必然能导致攻击行为,因为攻击行为的出现还受到鼓励和强化等因素的影响。也就是说,行为的后果在一定程度上会直接影响到一个人是否表现出该行为。

心理学家曾做过一项实验,说明了强化的作用。在实验中[①],研究者将学生随机分成三组,让他们观看录像。录像的内容是一名成年男子攻击一个充气玩偶的画面。他对它又打又踢,边打边骂。攻击行为结束之后,这名成年男子受到了三种不同的对待。第一种是攻击者来到一组儿童面前,他受到了另一个成人的表扬,还给他汽水等奖励;第二种是在影片结束时,出现了另一个成人,他要惩罚攻击者,骂他是"大暴徒",最后迫使攻击者因畏惧而逃离;第三种是既无奖励也无惩罚。不同组的儿童观看了不同结局的影片后被带到与影片有相似情境的房间里,里面也有一个充气玩偶及其他玩具。实验者仔细观察了儿童的模仿情况。

结果三组中都有学生模仿了攻击行为。但是,在攻击者受到表扬的第一组中模仿攻击行为的学生最多;在攻击者受到惩罚的第二组中模仿攻击行为的学生最少。这说明,学生对大人的模仿受到了行为后果的影响:看到大人受表扬的那组儿童容易形成模仿,看到大人受惩罚的那组儿童不易形成模仿。

因此,如果老师和父母对学生的教育方式不合适,很可能在无意中强化了一些学生的不良品行。

(一)粗暴型家庭教育会强化攻击行为

青少年在成长过程中,难免会犯这样或那样的错误,但是如何对待他们所

---

① 边玉芳.儿童心理学.杭州:浙江教育出版社,2009:270.

犯的错误才是最重要的。毫无疑问,正确的做法应是满腔热情地帮助他们认识错误和改正错误,进而少犯或不犯错误。但遗憾的是,在现实生活中,相当一部分家长基本上做不到这一点。他们对犯错误的子女非打即骂,拳脚相加,甚至采用罚跪、禁闭、禁食等手段惩罚子女。相信这些家长都会认为自己的出发点是好的,然而结果却往往事与愿违。有的孩子因犯了错误没有得到正确的教育,心理上受到了挫折,甚至产生逆反心理,身心朝着不健康方向发展,及至青少年时期,一旦有宣泄的机会,就很容易产生攻击性行为。

另外,不正确的教育理念也会造成学生的攻击行为。例如,有些学生的父母存在对"男子汉"的误解,认为男孩子好打架是勇敢的表现。所以,知道自己的孩子打架、欺负他人之后,他们往往不以为然,相信男孩子都是这样。父母的这种态度实际上是在纵容孩子的攻击行为。

(二)错误的奖惩方式会强化说谎行为

有的父母常以打骂等惩罚手段对待孩子出现的错,这可能造成学生强烈的畏惧心理,如果下次不小心再出错,就会以撒谎来逃避可能受到的惩罚。比如有的学生端饭不小心打了碗,招来父母的训斥责骂,甚至不许他吃饭,那么下次他无意间将家里的花瓶打碎了,就不敢如实地告诉父母,而可能撒谎说一只猫从窗户窜进来把花瓶碰掉了。

还有的父母喜欢用奖励的方式让孩子好好学习。比如说,如果学生写完家庭作业,晚上就可以看电视;如果学生考100分,父母就带他上游乐园。在这种情况下,一些学生如果偶尔贪玩没做作业,但为了晚上能继续看电视,就会撒谎说作业做完了。如果这次考试没考到父母要求的分数,为了能去游乐园玩,就自己偷改考试成绩。

(三)未能及时防微杜渐容易致使不良品行

俗话说,千里之堤,溃于蚁穴。中小学生的不良品行并不是一天两天就能养成的,而是在其成长过程中经过不断地累积,由最初的偶尔一次两次演变为后来的不良行为习惯。这就提示我们,在中小学生成长的过程中,家长和教师要善于发现孩子的不良行为,给予及时的教育和帮助。

有些青少年从小就生性好动,时常发生攻击行为。作为父母,对子女小时候的这种攻击行为理应及时抑制,但有的父母不仅不加以抑制,甚至还怂恿他们,鼓励他们。比如,有的孩子因某种原因自己的要求没有得到满足,就伸手打了母亲一个巴掌,母亲不仅不教育、不制止,反而鼓励他再打一下,甚至把头伸过去,让孩子抓头发,揪耳朵。虽然这时的攻击行为没有造成任何伤害结果,但是它已经给孩子埋下了产生攻击型问题行为的祸根。

有些父母,对孩子小时候的偷窃行为不但不加以批评制止,还鼓励他趁别人不注意的时候能拿就拿。甚至有些父母还批评自己的孩子没有利用可趁之机拿一些不义之财。

这些行为本应受到父母的制止，却反而得到了父母的鼓励、赞扬，久而久之，这种因教育不当而产生的不良品行，在青少年时期就会表现得尤为突出。

第三节　不良品行的矫正

案例 5-3

小磊变好了[①]

小磊是五年级的学生，平时行为出格，并且不听劝，老师和班级同学都很头痛。小磊从来都不参加值日生劳动，理由是学生到校是来学习的，不是来劳动的。同学只要稍有不顺他心，他就轻则谩骂，重则拳脚相加。从来不计后果，多次将同学打得鼻青脸肿。平时爱占小便宜，常把教室里的书、棋、同学的笔私下拿回家。

小磊不良个性的形成与家庭教育有直接关系。他的父母都是工人，初中文化程度。他们和爷爷、奶奶生活在一起，一家五口人。从小爷爷、奶奶视他为掌上明珠，从不允许任何人碰他一下。家长对孩子的期望值很高，希望孩子能在各方面出人头地。但父母的管教方式极不一致。母亲是严厉教育型，其余则是放任溺爱型。母亲相信棍棒教育，一次她发现孩子在外与同学喝啤酒后，随即拿起一根木棒，打得小磊头破血流。

班杜拉的社会学理论认为：儿童的行为是后天习得的，他们往往通过观察特定的榜样进行学习。小磊母亲的粗暴教育潜移默化地影响孩子，使其错误地认为暴力可以解决人际矛盾；而爷爷奶奶对他的不正确言行的纵容，又使他的错误道德行为更加有恃无恐。

我意识到要成功地转变小磊绝非一件容易的事，必须从多方面入手，形成合力才有可能见到实效。

在与小磊母亲的沟通中，我强调孩子在成长过程中犯错误是正常现象，尤其小磊的问题已非一朝一夕，转变他更不能操之过急。家长想通过打骂解决孩子的行为问题，最终只能事与愿违，使孩子形成不

---

① 孙义农.小学生心理辅导.杭州：浙江大学出版社，2003：106—109.

良个性。我向她提议，为了让小磊能尽快转变，希望家长运用及时合理的奖惩方法，使孩子正确的行为得到及时的强化，奖励的内容可以是孩子想要的玩具、食物等。孩子犯错时，惩罚一般以取消孩子的奖赏来实施。我鼓励父母多与孩子沟通，让孩子归属与爱的需要、自尊的需要在家庭里逐步得到满足。

在班级心理辅导活动课上，我请小磊扮演被别人欺侮的角色，让他在模拟情景活动中，体会别人在受欺负时的感受，以增进他的同理心。课后我找小磊进行了诚恳的交谈，他似乎有所触动，开始联系自己的平时表现，思考什么样的行为和态度是不受人欢迎的。

我列出一些问题要小磊想一想：遇到同学之间常见的矛盾时（同学走路不小心，碰掉你的钢笔；同学叫你的绰号；你走路时踩了别人的脚……），(1)我要做什么？(2)采用什么样的方法？(3)这样做有什么结果？(4)同学和老师会如何评价？通过这样的模拟情景练习，我希望小磊了解一些处理问题的方法，并在生活中加以运用。

同学当中，我也做了比较细致的工作。要求班干部带头，不仅不歧视小磊，而且在集体生活中多关心小磊。即使他出现行为问题，也给他以真诚的帮助，并且允许他用行动改正。

经过几个月家校合作的努力，小磊身上开始出现一些可喜的变化，原先让人头痛的出格行为渐渐减少了，还不时做一些好事来表现自己的进步努力。

案例中小磊的不良品行主要是由于不正确的家庭教育所导致的（母亲棍棒教育，父亲、爷爷、奶奶则是溺爱教育），作者在分析了小磊不良品行的成因后，根据他的成因采用了家校联合的方式对其不良品行进行矫正。首先，与小磊的父母取得联系，告诉他们以打骂的方式是不能改变小磊的不良品行的，建议他们采用合理奖惩的方法。另外，要与孩子多沟通，让孩子在家里满足归属与爱的需要、自尊的需要。其次，在学校里，作者通过角色扮演的方式，让小磊扮演挨打的角色，让他体会到受害者的感受与心理，以此来反思自己平时的行为表现。另外，还帮助小磊了解日常生活中处理问题时应该采用的方式。最后，作者还发挥班集体的力量，让同学们在日常生活学习中多关心帮助小磊。经过几个月的家校合作的努力，小磊的不良品行得到了明显的改善。

看到案例中小磊的不良品行得到有效的改善，相信每个人的心都会宽慰些许。是的，学生有不良品行并不可怕，关键是家长和老师怎样来帮助学生改正其不良品行。面对学生的种种不良品行，家长和教师需要了解和掌握一些有效的解决方法和策略，来矫正他们的不良品行，帮助学生建立起良好的行为，使学生朝着父母、老师所期待的方向发展。那么,除了案例中提到的那些矫正措施,到底还有哪些措施来矫正学生的不良品行呢?

一、批评法

案例 5-4

小刚与电子书[①]

　　小刚是小学一年级的学生。有一天,小刚的班主任向他的妈妈反映,小刚在学校没有经过同学的同意,就拿了同学的电子书回家。妈妈听了非常生气,心里想:这么小就偷东西,那还了得? 回家之后,妈妈严厉地呵斥了小刚,让他把偷拿同学的东西交出来。小刚吓得一句话都不说,只是恐惧地看着妈妈。

　　妈妈冷静思考后,觉得不应该用这种粗暴的方式对待小刚,决定跟小刚心平气和地谈话,了解小刚为什么拿同学的东西,以说理的方式让小刚明白:不能不经过别人的允许就把东西拿回家。

　　小刚发现妈妈不发怒了,就不再害怕了,话也多了:"小勇有很多电子书,他说我可以看他的书。""如果同学偷偷把你的电子书拿走,你愿意吗?""当然不愿意了,我很喜欢的。""那如果他向你借几天看看呢?""嗯……那倒可以。""电子书是同学的,不是你的,不能不经过别人的同意就把书拿走。你想要的东西,别人也很喜欢,你的东西不见了会着急,同学也一样。知道错在什么地方了吗?""没经过小朋友和老师的同意,就把电子书拿回家。""好,那下次如果想玩小朋友的玩具应该怎么办?""先问问他们愿不愿意。""小刚真聪明,明天妈妈和你一起去把电子书还给老师,再跟他们说声对不起,好吗?"

　　第二天,妈妈和小刚一起,当面把东西还给了小刚的同学,小刚也知道了不能偷拿别人的东西。

案例中妈妈对小刚的批评是有效的,她让小刚心甘情愿地把电子书还给了同学,并让小刚意识到了不能偷拿别人的东西。批评法是对儿童的不良品行进行责备,以阻止或消除不良品行的出现。这是很多家长和老师在日常生活中或教育活动中运用的最多的一种方法。

(一)完善的批评方法体系

完善的批评方法体系主要包括以下五方面内容。

───────────────

[①] 刘晓明.小学生常见心理问题解析与辅导.北京:世界图书出版公司北京公司,2008:265.

1. 否定性评价。例如：案例中妈妈在批评小刚时，直接指出小刚偷拿同学电子书的行为是错误的。

2. 阐明错误的原因。例如：案例中妈妈对小刚批评时，指出未经别人同意拿走他人的东西是不允许的。

3. 阐明错误的后果。例如：案例中妈妈指出，在不知情的情况下，自己喜欢的东西不见了会非常着急的。

4. 指出矫正错误行为的具体方法及行为发展的目标。例如：案例中妈妈让小刚第二天把偷拿的电子书送回去，并向他说声对不起。

5. 辅以必要的惩罚。例如：如果案例中小刚的行为比较恶劣，或不听妈妈的教导，可以对其采用适当的惩罚（比如：将自己喜爱的东西送同学玩几天或赔偿给同学）。

（二）使用批评法应注意的问题

批评法固然有效，但是在使用时，还应注意以下几个问题。

1. 批评的目的是为了帮助孩子消除不良品行，建立起良好行为。因此，在批评孩子时不要简单粗暴地指责或讽刺挖苦，这样容易使孩子产生抵触情绪，他们只知道你在挖苦他，并不会意识到自己犯了什么错误。要指出他哪种行为是不对的，对其正面讲道理。

2. 责备要简短，就事论事，批评的时间不宜过长。有时大人在批评孩子某一个行为时，容易越说越远，将孩子过去犯的错误都扯在一起讲，苦口婆心了大半天给孩子带来的却只有反感和抵触。应避免喋喋不休，唠叨起来没完没了。

3. 只对孩子的错误行为进行批评，只需否定他某种行为，而不要否定他整个人。像"拿别人的东西是小偷"、"你打了小明，是个坏孩子"这样的语言一定要避免。而应该直接指出孩子的错误行为："拿别人的东西是不对的"、"打人是错误的行为"。

4. 当批评孩子时，如果孩子表现出顶嘴、争吵、嘲笑，或一副满不在乎的样子，则表明孩子对你的批评已产生抵触，最好改用其他教育方法。

二、行为处罚法

行为处罚是指当孩子出现不良品行时，要立即取消他可能得到的奖赏或给他呈现一个厌恶刺激，使孩子认识到他的不良品行是要付出代价的，以此来促使孩子减少不良品行。

（一）在使用处罚法时应注意的问题

在处罚过程中，我们应该要注意以下问题。

1. 在实施处罚前，一定要将规则讲清楚，事先和孩子说明：如果他出现什么不良品行,就会受到什么处罚。让孩子心甘情愿地接受事先定好的惩罚。

2.把握好处罚的度。根据儿童不良品行的严重程度,选择适当的处罚物。要避免因处罚过度,引起孩子的对抗情绪和恐惧心理,对儿童的心理健康造成损害。同时要避免处罚太轻,不足以给孩子留下深刻印象,起不到教育作用。

3.把握好处罚的次数。不要将处罚的目标定得过多,否则孩子会"破罐子破摔"、不在乎你的处罚。比如,小刚今天说谎了,减少他半个小时的看电视时间;今天又打人了,再减少半小时。这样,小刚可能会认为反正今天是不能看电视了,索性再来搞个破坏什么的。

4.选择孩子最喜欢做的事作为被撤消的奖赏。如周末外出游玩、玩玩具、玩游戏、滑冰、踢球等。

5.选择孩子最不愿意做的事作为惩罚。例如倒垃圾、做清洁等。

(二)过度补偿

过度补偿是惩罚的一种。惩罚指:当个体在一定刺激情境中做出某一行为后,若即时使之承受厌恶刺激、从事厌恶活动(惩罚物)或撤除正在享用的强化物(积极刺激或积极活动),那么个体在今后类似的刺激情境中,该行为的发生概率将会下降。过度补偿就是在问题行为发生后,当事人不仅必须纠正问题行为造成的环境影响,而且还要把环境恢复得比问题行为发生前更好。

视窗 5-3

惩罚过程的特点

1.立即性

在惩罚过程中,反应频率的降低通常会在惩罚之后随之产生。也就是说,惩罚的效果"立竿见影"。在较长一段时间内使用惩罚,可以造成深刻的抑制。

在行为矫正的实务中,惩罚效果的迅速在电击上特别明显。只要接受几次甚至一次电击,就足以使问题行为降低,甚至完全消除。例如,有一名具有官能性咳嗽的 14 岁男孩,药物治疗、转移注意力以及在不咳嗽时赞美等,都对他的咳嗽不起作用。严重的咳嗽不仅影响他自己的生活,也造成他人的严重分心,所以他被迫休学。在大量尝试之后,决定实施电击疗法。研究发现,该男孩在基线期间每小时咳嗽 22 次,治疗就是对前臂实施温和的电击。结果发现,仅仅一次电击后,就彻底消除咳嗽行为了,该男孩也很快就复学了,并在治疗的两年半时间内没有再发作过。

如果惩罚没有马上导致行为的明显改变的话,则不应该继续实施惩罚,而应考虑其他的方法了。

2.情境性

在惩罚过程中,惩罚的效果常常只产生于接受惩罚的特定情境中。在一定场所、一定时间内对某一反应的惩罚,其效果似乎很难扩展到其他场所和其他时间,具有明显的"时过境迁"现象。例如,在某教室里开展的特别训练课程所达到的惩罚效果,在课程结束后,即使在同一教室里,其效果也没有先前的明显(Marholin Townsend,1978)。

惩罚效果的特定性也表现在其效果常常与特定的惩罚执行者有关。例如,在家庭教育中,如果只有父亲执行惩罚(如斥责),则问题行为只有在父亲出现才会降低,而在母亲或爷爷奶奶面前仍会照样表现。又如,在学校教育中,如果张老师很厉害(经常斥责学生),那么学生在张老师面前表现很乖,但是在其他老师面前可能仍是无法无天。一般而言,惩罚的效果会局限于与惩罚有关的特定情境中。但是,通过扩展惩罚的一致性或加强惩罚的条件化等措施,也可以将惩罚效果迁移到其他情境中。

3.复原性

惩罚的效果立竿见影,问题行为的频率在短时间内就可以降低。不过,惩罚的效果可能不会持久,当惩罚的一致性撤离后,被惩罚的行为就有可能复原,回复到原来基线的水平。

为了使惩罚的效果增到最大而使复原的现象降至最低,我们可以强化与受罚反应相对立的良性行为。这样,当惩罚的一致性撤离后,被强化的反应将会比被惩罚的反应有较高的出现率,从而可以取代原先的受罚反应,并可通过间歇强化而维持这一良性行为。

资料来源:伍新春,胡佩诚.行为矫正.北京:高等教育出版社,2005:111

三、暂时隔离法

暂时隔离是指:当儿童出现某种不良品行时,家长和老师立即命令他停止一切活动,对儿童进行短时的隔离、惩罚,使孩子的不良品行得到减弱。在用隔离法纠正儿童的不良品行时,可起到立即阻止不良品行的作用,并且帮助儿童学会自我控制和自我约束,是纠正儿童不良品行的有效方法之一。

视窗 5-4

暂 时 隔 离 法 的 作 用

第一，能迅速阻止儿童的不良品行。停止儿童正在进行的一切活动，让孩子进入到一个单调乏味的隔离间，失去家人的关注，失去玩玩具和参加游戏活动的自由。这会使孩子明白不良品行是不被允许、不受欢迎的，如果再做就会受到惩罚，付出代价。在使用暂时隔离法的情况下，孩子会渐渐学会自我控制，减少或不再出现这一行为。

第二，可以给孩子提供一个自我调整和反省的机会。通过暂时隔离，不仅能有效阻止儿童的不良品行，而又有助于让孩子慢慢静下来，调整自己的情绪，对自己的行为进行反省。

第三，可以让父母和老师用冷静的态度去处理孩子的不良品行。暂时隔离法能够避免大人的冲动和孩子的过激行为，使大人成为有理性、不具攻击性的榜样。

第四，简便、易操作、行之有效。大多数儿童在连续使用暂时隔离法 1—2 周后，不良品行会明显减少。

资料来源：王练.成长的困扰：告别孩子的问题行为.北京：中国轻工业出版社，2002.15

（一）操作方法

暂时隔离法的操作方法包括以下 7 个方面。

1.确定隔离目标。首先你必须先确定准备针对孩子的哪种行为进行隔离矫正。通常开始只选择 1—2 种发生频率比较高的不良品行作为矫正的目标（每天至少发生一次以上）。当这个不良品行成功地被矫正、消退后，再选择另一个不良品行作为隔离目标。不宜一次选择过多目标，或对儿童的所有不良品行都进行隔离。否则，孩子可能整天都被关在隔离室，对惩罚产生"免疫力"，达不到惩罚不良品行、建立良好行为的作用。

2.事先向孩子讲明暂时隔离法。在实施隔离法之前，先要告诉孩子他的这一行为是错误的，需要改正。为了帮助他改正错误，要让他到隔离室反省，一直呆到闹钟响才能出来。

3.选择一个适宜的地方作为隔离室。隔离室应是一个安全、单调、乏味的地方，孩子待在里面会感到很无聊、没有什么可玩、可看或有趣的东西。如卫生间、过道、或大人的房间等地方。

✎ 视窗 5-5

选择隔离室应注意的问题

（1）理想的隔离室应是孩子得不到父母和家人的任何形式的关注，没有玩具、游戏、电视、宠物、图书等强化物，安全、光线充足、不会使孩子恐惧，孩子觉得无聊和单调的地方，并且最好在问题行为发生后的10秒钟内就能达到。

（2）一般而言，对于年龄较小的儿童，可以使用大的直背椅当作隔离椅；对于5岁以上的儿童则应在单独的房间内实施隔离，卫生间、洗衣间、储藏室等都是可供选择的地方。

（3）隔离室也不要使用恐怖黑暗的地方，因为隔离的目的不是让孩子恐惧，而是让孩子感到枯燥无聊。

资料来源：伍新春，胡佩诚．行为矫正．北京：高等教育出版社，2005.121

4. 当孩子不良品行发生时，立即将孩子送到隔离室隔离。不要和孩子过多地说话、发生争执。家长和老师需要做的只有两件事：第一，指出孩子犯了什么错误（如打人、骂人）；第二，命令孩子去隔离室。

5. 根据儿童的年龄确定隔离时间。一般选择一岁隔离一分钟，每增加一岁隔离时间延长一分钟。隔离时间不可过长或过短。如果隔离时间过长，孩子可能在里面呆得忘记了为什么受到惩罚；隔离时间过短，孩子的情绪还不能调节好。隔离时间按孩子年龄大小来决定，而不是按孩子犯错误的严重程度来定。

6. 将闹钟上好时间、放在隔离室外孩子能听到的位置。告诉孩子当闹钟响时才能出来。这样可避免孩子不停地在里面问时间到了没有？什么时候可以出来？

7. 当时间到孩子出来后，父母和老师要问孩子为什么被隔离，让孩子自己简要地说一说。如果是小年龄孩子，父母可简要地告诉孩子被隔离的理由，再让孩子重复一遍，强化孩子的认识。

暂时隔离法通常适宜针对小学生，对中学生来说使用说理教育效果更好一些。需要注意的是，隔离法只能抑制儿童的不良品行，让孩子明白什么事情是不应该做的，但并不能起到让孩子明白什么事是应该做的，可以帮助孩子克服不良品行，但不能帮助儿童建立起良好行为。它是行为的阻止者，而不是行为的发起者。因此，应将隔离法和良好行为的强化结合在一起进行，这样可以收到比单纯惩罚更好的效果。

（二）采用暂时隔离法可能遇到的问题及对策

由于暂时隔离法的特殊性，它在使用时，可能会遇到一些问题。下面介绍几种常见问题及其对策。

1.孩子反抗、拒绝进入隔离室："我没有打人"、"是他先打的我"、"不要把我关到隔离室，我今后改正"。遇到这类情况时，父母不必和孩子争执谁是谁非，要保持冷静，直接命令或拉着孩子的手将其带到隔离室。

2.孩子在隔离室里又吵又闹，隔离时间到了仍在哭闹。大人可告诉孩子因为他的哭闹行为，将延长隔离2分钟，直到他不再哭闹为止。

3.孩子从隔离室跑出来了，用严厉的语气命令孩子回去。

4.孩子在隔离室制造噪音，如踢门、跺脚、摔东西。父母和教师最好装着什么都听不见、不要理睬他。如果没有人去注意他，孩子自己就会停止下来。不要试图让他安静或训斥孩子，这样做正好是达到了孩子的目的。

5.父母情绪控制不好。一些父母会因为孩子的不良品行或被关在隔离室的语言被激怒而无法自控，与孩子争执或是将孩子拉出来打一顿。如果父母情绪不好，最好的办法是马上离开，以免发生冲突。

6.父母和老师心软。当听到孩子在里面伤心哭泣或认错时，他们便放弃了隔离。暂时隔离对孩子隔离时间短，不会对孩子的心理造成不良影响，父母和老师应坚持原则。

四、代币法

代币法是一种综合性的行为矫正法。它是指采用小红花、五角星、印章图案、塑料片等物品来计数，每当儿童出现一个良好行为或没有出现不良品行时，可获得一定数量的物品，当孩子的物品积累到一定数量，就可获得一个孩子感兴趣的强化物。运用代币法来矫正儿童的不良品行，对建立良好行为最富成效。

（一）代币法的操作程序

代币法的操作程序包括以下几个步骤。

1.确定目标行为，即要矫正的不良品行。

2.确定代币物。可根据儿童年龄大小来确定，如低年级学生可采用五角星、小红花、印章图案等；高年级学生可用类似钱币的物品。

3.确定强化物。强化物是指学生用代币可换取的物品或活动。比如，用五角星换铅笔，用小红花换看电视的时间。强化物一定要是儿童感兴趣的，如外出自由玩耍的时间、看动画片的时间、玩具、图书等。

4.制定一个代币交换系统。即用多少个代币就可获得什么强化物，如用5

个五角星换 1 只铅笔、用 8 个小红花换一个小时的看电视时间,等等。

例:小强是一个攻击性很强的孩子,在学校经常打小朋友,与小朋友的关系十分紧张,大家都不喜欢和他玩耍。但小强平时喜欢帮老师干活,上课积极回答问题。老师希望帮助小强纠正爱打人的行为,于是家长、小强一起画了一张奖励表和一张奖品单贴在墙上,只要小强做到一点就可得 1 个五角星。老师不仅在奖励表上贴五角星,同时还把五角星发给小强,让小强装在自己的小包里。

小强可以用他的五角星去换取奖品,每花掉一个五角星就在表上划掉 1 个五角星。结果,当一周结束时,小强打人的行为明显减少,而帮助同学、帮助老师做清洁、积极发言等良好行为明显增多。周末,小强用 15 个五角星换取了与爸爸妈妈一道去海洋馆看海豚表演的机会。

(二)实施要点

代币法实施时,要注意以下几个要点。

1.在确定奖项时,不能太难或太易。如果太难孩子做不到,就会放弃努力。如果太容易,则难以激发孩子的兴趣,故把握好难易度很重要。

2.鼓励孩子花掉他的积分,让孩子不时地体验成功。激励孩子继续去努力获得更多的分。

3.当孩子的良好行为建立后,要逐渐减弱孩子对代币的依赖。

案例 5-5

矫正个案①

一、研究对象的主要问题

小宁,男,13 岁,六年级一名寄宿生。他经常招惹同学,抢走别人的东西,妨碍别人的正常活动。他行为霸道,说话粗野,违反课堂纪律的事件也时有发生。因此,同学们都害怕他,不愿与他接触,老师也时常批评他。

二、辅导策略

小宁的问题属于行为习惯问题,故应采用行为训练方法加以矫正。同时,应注意改变他的认知水平,调动其情感因素,以巩固辅导效果。在整个辅导过程中,应特别重视培养其自信心、自尊心、责任感和成就感。

---

① 周水凤.用"代币法"矫正不良行为习惯的个案研究.班主任.2003(6):24—25.

三、辅导过程

（一）制订矫正目标

1. 不再招惹同学，与同学融洽相处。

2. 改正说脏话的习惯。

（二）矫正准备

1. 代币——可用硬纸片制作，中间盖上小红花，再盖上班主任的印章。

2. 强化物——选择小宁喜欢的东西作为强化物。换取这些强化物所需的代币数是根据小宁对强化物的喜欢程度来决定的，有一定的层次性。如表6-3。

表6-3

强化物	代币数
踢球	2
吃肯德基	3
买一件小玩具	4

3. 交换系统——制定逐步达成矫正目标的子目标，根据其完成情况发给代币，如表6-4。

表6-4

行　　为	币值（"＋"表示奖励，"－"表示扣除）
每天招惹同学控制在5次以内	＋1
每天说脏话控制在3句以内	＋2
每天说脏话超过5句	－1
每天招惹同学超过7次	－3
主动帮助、保护弱小同学	＋3
和同学友好活动	＋3
发生打架行为	－4
主动协助老师工作	＋2
其他同学发生矛盾，主动劝架	＋5
出言粗鲁，顶撞师长	－2

（三）实施阶段

第一阶段（第一周）

1. 交代实验目的，教师、家长双方与小宁签订协议，此协议是代币制实施的保障。

2. 取得同学（如班长）、任课老师、生活指导老师的支持，请他们帮助记录小宁的表现。

3. 进行认知辅导，使小宁认识到自己行为的危害，产生改正的动机。

4. 矫正目标的子目标可依据情况进行修改和补充。初次实施此方案，可适当降低要求，以使学生有个适应过程。

5. 在矫正期间，小宁每天得到多少代币，用去多少代币，小宁和老师都要记录。

第二阶段（第二、三周）

提高要求，每天招惹同学次数控制在 2 次以内，说脏话次数控制在 1 次以内。

第三阶段（第四、五周）

再次提高要求，全天不招惹同学，不讲脏话。

第四阶段（第六、七周）

巩固前三个阶段的成果，鼓励小宁主动帮助他人，积极参与团体活动。

四、辅导效果

矫正前，小宁每天招惹同学在 5 次以上，甚至出现严重的打架现象。

矫正后，小宁基本没有打架行为，不再故意捉弄同学，还主动分点心、扫地，帮同学扫呕吐物，送生病同学去医务室等，表现特别出色。

老师们看在眼里，都说小宁确实变了同学们也不再害怕他了，取而代之的是对他的敬佩。在作文中，有的同学写道"小宁变了。他不再让人讨厌，他学会了谦让。有一次小宁发苹果，分到小刚那里，一不小心，苹果落地了小刚不要，小宁说没关系，这个苹果给我好了。小宁多么令人尊敬啊！"还有个同学写道："……小宁在跑 800 米时，跌倒了再爬起来继续拼搏，为班级争光，多么让人敬佩啊！"

家长告诉我，在双休日里，小宁不再到处撒野、惹祸，而是安安分分在家里做作业、看电视、看书。暑假里，附近许多孩子的家长到小宁家打听小宁怎么变得这么好，他在哪个学校读书，也想把自己的子女送到小宁所在的学校。

现在小宁已达到了自己的近期目标——当上了一名光荣的升旗手。他正在向下个目标"三好学生"作最后的冲刺。

五、在矫正学生的不良品行时应注意的问题

有时候，虽然表面上看起来都是同一种不良品行，但是矫正方法却并一定一样。因为，表面看起来相似的行为背后的原因和动机或许并不一样，这就要求家长和教师要做到真正的"因材施教"、"对症下药"。这里以说谎行为为例。

根据中小学生说谎的具体情节可采取相应的措施。教师和家长应经常记录中小学生当作说谎题材的领域。如果谎言经常集中在某一方面，应该考虑改变中小学生在这一方面的环境压力。

例如：如果儿童是由于心理不成熟而造成的说谎，不要随便责骂、草率处理，而应在理解儿童的前提下讲明道理，提高儿童的认识能力。

如果儿童是为了得到赞赏而说谎，就应多称赞和鼓励他的良好行为，特别是表现诚实的行为，使其懂得诚实的价值。

如果儿童是为了避免处罚而说谎，就应考虑平时的处罚是否有太重或不合理处，要避免不当的处罚和批评。儿童必须拥有足够的安全感才能坦然承认自己的错误和过失。

如果儿童是由于害怕失败而说谎，就应考虑对他们的期望不应过高。

如果儿童是为了想得到某种东西而说谎，就应帮助他以一种合理的方式取得他想要的东西。

如果儿童是因为仇恨心理而说谎，就应设法增进彼此间的交流，改善沟通方式，疏导其情绪的正常发泄。

如果儿童是由于缺乏自信而说谎，就应加强他们决策的能力，发展其特长，增强其自信。

如果儿童是为了引起别人的注意而说谎，就应故意对其说谎不加注意，以削弱这种不良行为。越是注意它，说谎的出现率反而越高。

如果儿童做错了事还想以说谎来掩饰时，就应该使其接受双重处分。

如果儿童是为了满足某种心理需求而说谎，特别是家庭贫困或得不到亲情的儿童往往会用说谎来掩饰自己的弱点或夸耀自己，或因物质欲望不能满足而用谎言填补，这时父母就应满足儿童精神和物质的合理需求，如提供适当的零用钱和比较和谐的家庭氛围。

如果儿童是由于内心的某种自卑感或恐惧感而撒谎，父母和教师就应反省自身的态度，找出孩子不正常心理的原因，设法消除孩子某些不必要的想法。

若是由于孩子没有足够的时机出色地表现自己或未能取得理想的成绩,或是由于对孩子的清规戒律过多,而使孩子的内心深处受到压抑,家长和教师就必须全面修正对孩子的态度,提供给孩子更多的实践机会,并给孩子经常性的鼓励。

总之,中小学生说谎提示我们,他们可能在学校和家庭的学习或生活中遇到了困难,不能用积极的良好的行为来解决,只好用说谎这种消极措施来对付。因此,不要用态度粗暴的方法来解决说谎问题,而要注意消除引起说谎行为的根本因素。

▨ 拓展阅读

1. 刘晓明. 小学生常见心理问题解析与辅导. 北京:世界图书出版公司北京公司,2008.

本书注重实用性和操作性,精简理论阐释,直接针对具体的心理问题,采用对症下药的方法予以解读。针对具体某一类问题均以常见的典型心理问题呈现,结合一个具体的"辅导案例",进行"诊断分析",给出"辅导方法",提供"预防策略",以点带面,帮助教师和家长掌握开启调适小学生心理问题的钥匙。

2. 伍新春、胡佩诚. 行为矫正. 北京:高等教育出版社,2005.

本书将纷繁复杂的行为矫正理论和方法进行了重新梳理和科学建构,不仅注重引用大量研究案例来阐述基本原理和研究基础,尤其列举了大量生活中常见的真实案例来强调各种行为技术在学校教育、家庭教育、特殊教育、心理咨询、心理治疗、自我保健等领域的广泛应用,有助于广大读者举一反三,学以致用。

3. 孙义农. 小学生心理辅导. 杭州:浙江大学出版社,2003.

本书除了介绍小学生心理辅导的有关专业知识外,在各章的理论阐述后,还有一些心理辅导案例的个案记录,以及主编者的辅导评析。从这些案例中,可以得到许多宝贵的信息,如:辅导者的态度以及辅导技术如何影响着辅导的进程;受导学生行为问题背后掩盖着的深层心理问题,怎样在辅导过程中明朗起来,最终又怎样得到了恰当的解决。

▨ 反思与探究

案例

陈俊涛是三(1)班的学生,他口齿伶俐,表达能力强,擅长手工制作,剪纸、科技小制作做的非常好。另外陈俊涛身体健壮,酷爱运动,田径、篮球、足球、乒乓球、羽毛球,样样喜爱,而且水平不错。他性格外向,外表很讨人喜欢,但他却是个让同学畏惧、令老师头痛的"打架大王"。

　　陈俊涛比较霸道,自以为是,常常颐指气使地吆喝别人,对他人持强迫式、绝对化的要求,稍不满意,便拳脚相向,不计后果。陈俊涛平时喜欢引起他人的注意,常常试图获得他人对他的赞赏、尊重。另外他痴迷武打影视剧、暴力游戏,还喜欢上网吧,放学后妈妈经常要去网吧找他回家。

　　陈俊涛的父母文化素养不是很高,父亲是包工头,母亲是家庭妇女。母亲非常宠爱他,父亲则"恨铁不成钢",对他严格要求。陈俊涛生活上以自我为中心,与父母关系不和谐,尤其是对父亲,表面服从,内心不满。

　　陈俊涛"崇尚武力",结交了一些不良少年,互相影响,"感染"上了情绪冲动暴躁、报复性强等不良习性,经常与人打架并谩骂同学,和老师顶撞,与同学相处矛盾多。他又欺软怕硬,比他强壮的不敢惹,专门找弱小的同学欺侮。

　　陈俊涛学习兴趣不浓,上课不专心听讲,经常扰乱课堂纪律,不做作业,不交作业,成绩不理想,所以父母要求他重读了一年二年级。一个可爱机灵的孩子,却有着这么多的不良品行,"三天一小打,五天一大打",打架骂人似乎是他来学校的"唯一目的"。

　　(资料来源:教育部师范教育司、教育部基础教育司.学生心理健康教育指导.2008:152)

　　1.陈俊涛的哪些行为属于不良品行?

　　2.分析陈俊涛的不良品行的成因:家庭因素有哪些? 社会因素有哪些? 自身心理因素有哪些?

　　3.从模仿、挫折、不正确的教育方式这三个方面分析陈俊涛的不良品行的成因有哪些?

　　4.针对陈俊涛的不良品行给出辅导方案,并指出在辅导方案中用到了哪些矫正措施。

参考文献

1. 边玉芳. 教育心理学. 杭州：浙江教育出版社，2009

2. 陈琦，刘儒德. 教育心理学. 北京：高等教育出版社，2001

3. 陈会昌. 道德发展心理学. 合肥：安徽教育出版社，2004

4. 杜永明. 中小学生不良行为矫治全书. 北京：光明日报出版社，2000

5. 杜威. 道德教育原理. 王承绪等译. 杭州：浙江教育出版社，2003

6. 冯忠良. 教育心理学. 北京：人民教育出版社，2000

7. 郭本禹. 道德认识发展与道德教育——科尔伯格的理论与实践. 福州：福建教育出版社，1999

8. 何先友. 青少年发展与教育心理学. 北京：高等教育出版社，2009

9. 黄向阳. 德育原理. 上海：华东师范大学出版社，2000

10. 黄煜峰，雷雳. 初中生心理学. 杭州：浙江教育出版社，1993

11. 教育部师范教育司、教育部基础教育司规划指导. 学生心理健康教育指导. 北京：北京师范大学出版社，2008

12. 雷雳. 中小学生心理行为问题干预. 北京：首都师范大学出版社，2010

13. 李伯黍，燕国材. 教育心理学（第三版）. 上海：华东师范大学出版社，2009

14. 林崇德，黄希庭，杨治良. 心理学大词典. 上海：上海教育出版社，2003

15. 刘海燕. 情感的力量——道德情感教育的理论与实践. 成都：四川教育出版社，2002

16. 刘晓明. 小学生常见心理问题解析与辅导. 北京：世界图书出版公司北京公司. 2008

17. 莫雷，张卫. 青少年发展与教育心理学. 广州：暨南大学出版社，1997

18. 莫雷. 教育心理学. 广州：广东高等教育出版社，2002

19. 桑标. 当代儿童发展心理学. 上海：上海教育出版社，2003

20. 邵瑞珍. 教育心理学. 上海：上海教育出版社，1997

21. 孙义农. 小学生心理辅导. 杭州：浙江大学出版社，2003

22. 檀传宝. 德育原理. 北京：北京师范大学出版社，2000

23. 檀传宝. 学校道德教育原理（第二版）. 北京：教育科学出版社，2003

24. 檀传宝. 德育与班级管理. 北京:高等教育出版社,2007

25. 唐汉卫,张茂聪. 中外道德教育经典案例评析. 济南:山东人民出版社,2005

26. 唐卫海. 杨孟萍. 简评班杜拉的社会学习理论. 天津师大学报,1996

27. 王树洲. 试论道德行为产生的心理机制. 江南大学学报,2007,6:(4)

28. 王前新. 问题行为矫治妙方. 武汉:武汉大学出版社,2000

29. 王练. 成长的困扰:告别孩子的问题行为. 北京:中国轻工业出版社,2002

30. 伍新春,胡佩诚. 行为矫正. 北京:高等教育出版社,2005

31. 徐洁. 要善于利用学生的"内疚感". 中国教师报,2003-09-08

32. 肖川. 主体性道德人格教育. 北京:北京师范大学出版社,2002

33. 杨韶刚. 道德教育心理学. 上海:上海教育出版社,2007

34. 杨韶刚. 西方道德心理学的新发展. 上海:上海教育出版社,2007

35. 新爱. 一位母亲给晓琴十四条建议的回答. 中国文化报,2000-6-21

36. 章志光. 学生品德形成新探. 北京:北京师范大学出版社,1993

37. 周斌. 普通高中德育活动模式研究. 江西师范大学硕士学位论文,2003

38. 朱智贤. 儿童心理学. 北京:人民教育出版社,1981

39. 朱小蔓,梅仲荪. 道德情感教育初论. 思想・理论・教育,2001,(10):28—32

40. 朱小蔓. 情感德育论. 北京:人民教育出版社,2005

41. [美]埃里克・J. 马什(Eric J. Mash)戴维・A. 沃尔夫(David A. Wolfe).异常儿童心理.徐浙宁,苏雪云译.上海:上海人民出版社,2009

42. [瑞士]让・皮亚杰. 儿童的道德判断. 傅统先,陆有铨译. 济南:山东教育出版社,1984

43. [苏]B. A. 苏霍姆林斯基著. 帕夫雷什中学. 赵伟等译. 北京:教育科学出版社,1983

后 记

　　《品德心理发展与道德教育》一书，是结合近年来学校道德教育的实际，按照学生身心发展的规律，从品德心理构成的角度编写的一部教材。

　　全书由杭州师范大学教育科学学院蒋一之教授总体规划设计，蒋一之、沈珏敏负责统稿校对。本教材共分五章，其中，第一章品德发展与道德教育的关系，由蒋一之负责编写。本章从整体出发，分别从品德心理结构、品德发展的影响因素、道德教育在品德发展中的作用论述了品德发展和德育的关系。第二章道德认知的发展，由程建坤负责编写，从其理论、特点和方法三个角度对其进行论述。第三章道德情感的发展，由刘丽娟负责编写，分别从对道德情感的阐释、情感发展的年龄特征以及促进道德情感的方法角度对其进行论述。第四章道德行为的发展由程建坤负责编写，从道德行为的阐释、情感行为的年龄特征以及培养道德行为的方法角度对其进行论述。最后一章不良品行的矫正，由李高辉负责编写，从对不良品行的定义、成因分析和不良品行的矫正三方面对其阐释。当然，虽然教材可以将品德心理分为道德认知、道德情感和道德行为进行论述阐释，但是，道德教育总体来说还是一个整体性的教育，不能简单地根据这些组成要素来进行教育。所以，教材的最后一章，根据教材的理论，介绍了一些实际应用的方法，以期教材除了理论性，还具备一定的实践意义。

　　由于时间仓促，加之编者水平有限，本教材可能还存在一些疏漏和差错，恳请各使用单位和广大读者提出宝贵意见，使之渐臻完善，谨致谢忱。

编写组

2012 年 10 月